KATEGORIBOKEN FÖR ALLTID MILJ OCH KRYDIG

100 LÄCKRA VARMA OCH KRYDDA RECEPT

Karolina Pålsson

Alla rättigheter förbehållna.

varning

Informationen i denna e-bok är avsedd att fungera som en omfattande samling av strategier som författaren till denna e-bok har undersökt. Sammanfattningarna, strategierna, tipsen och tricken rekommenderas endast av författaren, och läsning av denna e-bok garanterar inte att ens resultat exakt speglar författarens resultat. Författaren till e-boken har gjort alla rimliga ansträngningar för att tillhandahålla aktuell och korrekt information till e-bokens läsare. Författaren och hans medarbetare ska inte hållas ansvariga för eventuella oavsiktliga fel eller utelämnanden som kan hittas. Materialet i e-boken kan innehålla information från tredje part. Tredjepartsmaterial innehåller åsikter som uttrycks av deras ägare. Som sådan,

E-boken är copyright © 2022 med alla rättigheter förbehållna. Det är olagligt att vidaredistribuera, kopiera eller skapa härledda verk från denna e-bok, helt eller delvis. Ingen del av denna rapport får reproduceras eller återsändas i någon form utan uttryckligt och undertecknat skriftligt tillstånd från författaren.

Somario

varning 1

INTRODUKTION 17

JALAPENO 18

1. Bondgård Fylld Jalapeño 19

Ingredienser 20

Vägbeskrivning 20

2. Jalapeño majs 21

Ingredienser 22

Vägbeskrivning 22

3. Jalapeño gelé 2.3

Ingredienser 24

Vägbeskrivning 24

4. Söta jalapeños 25

Ingredienser 26

Vägbeskrivning 26

5. Jalapeño Pesto 26

Ingredienser 27

Vägbeskrivning 27

6. Biff med argentinsk jalapeñosås 28

Ingredienser 29

Vägbeskrivning 29

7. Mexikansk Jalapeño Salsa 30

Ingredienser 31

Vägbeskrivning 31

8. Jalapeño Fries 32

Ingredienser 33

Vägbeskrivning 33

9. Jolly Molly Popcorn 34

Ingredienser 35

Vägbeskrivning 35

10. Monterey aptitretare 36

Vägbeskrivning 37

11. Söndag jalapeños 37

Vägbeskrivning...39

12. Jalapeño Fudge 40

Vägbeskrivning... 41

13. Jalapeño Dip...42

Vägbeskrivning...42

14. Mexikansk gryta från Kalifornien...............................43

Vägbeskrivning...44

15. Mexikansk bakning med jalapeño..............................46

Vägbeskrivning...47

16. Kryddig sydvästra majs..48

Vägbeskrivning...49

17. Jalapeño Poppers 50

Vägbeskrivning... 51

18. Jalapeños från Texas 53

Vägbeskrivning...54

19. Grillade baconwraps 55

Vägbeskrivning 56

20. Jalapeño-spread 56

Vägbeskrivning 57

21. Jalapeño och bärsylt 57

Vägbeskrivning 59

Vägbeskrivning 61

22. Monterey Enchiladas 62

Ingredienser 63

Vägbeskrivning 63

23. Jalapeñosmörgås 65

Ingredienser 66

Vägbeskrivning 66

24. Jalapeño smördeg 68

Ingredienser 69

Vägbeskrivning 69

25. Kryddigt Jalapenobröd 70

Ingredienser 71

Vägbeskrivning 71

26. Jalapeñosoppa 72

   Ingredienser 73

   Vägbeskrivning 73

27. Jalapeño Chili Texas Style 74

   Ingredienser 75

   Vägbeskrivning 75

28. Karibisk-mexikansk middag 77

   Ingredienser 78

   Vägbeskrivning 78

29. Texas Jalapeño Chutney 80

   Ingredienser 81

   Vägbeskrivning 81

30. Ungersk Jalapeño chili 82

   Ingredienser 82

   Vägbeskrivning 83

31. Medelhavskikärtssoppa 84

    Ingredienser 85

    Vägbeskrivning 85

32. Traditionell mexikansk sås 87

    Ingredienser 88

    Vägbeskrivning 88

33. Linssoppa 89

    Ingredienser 90

    Vägbeskrivning 90

34. Lätt Dahl 91

    Ingredienser 92

    Vägbeskrivning 92

35. Asiatiskt inspirerade wontons 94

    Ingredienser 95

    Vägbeskrivning 95

36. Turkiet lunch wontons 96

    Ingredienser 96

Vägbeskrivning 97

37. Wontons Louisville 98

    Ingredienser 99

    Sås 99

    Vägbeskrivning 99

38. Lätt mexikanskt brunt ris 100

    Ingredienser 101

    Vägbeskrivning 101

39. Asiatisk kycklingsoppa 103

    Ingredienser 104

    Vägbeskrivning 104

40. Kambodjansk currysås 106

    Ingredienser 107

    Vägbeskrivning 107

41. Vit chili 108

    Ingredienser 109

Vägbeskrivning 109

42. Jalapeño Gazpacho 111

   Ingredienser 112

   Vägbeskrivning 112

43. Avokadosalsa 113

   Ingredienser 113

   Vägbeskrivning 114

44. New World Ceviche 115

   Ingredienser 116

   Vägbeskrivning 116

45. Kryddig mexikansk popsicles 118

   Ingredienser 119

   Vägbeskrivning 119

46. Spansk lasagne 120

   Ingredienser 121

   Vägbeskrivning 121

47. Krämig kycklingfettuccine 122

Ingredienser 123

Vägbeskrivning 123

48. Chipotle coleslaw 124

Ingrediens 125

Vägbeskrivning 125

49. Jalapeño, Cilantro och Mango Tilapia 126

Ingredienser 127

Vägbeskrivning 127

50. Räkor i Thailand 128

Ingredienser 129

Vägbeskrivning 129

51. Jerk Chicken 131

Ingredienser 132

Vägbeskrivning 132

52. Jamaicansk sallad 134

Ingredienser 135

Vägbeskrivning 135

53. Kokosnötskyckling 137

　Ingredienser 137

　Vägbeskrivning 138

54. Maya couscous 139

　Ingredienser 139

　Vägbeskrivning 140

55. Biff fajitas 141

　Ingredienser 142

　Vägbeskrivning 142

56. Mexikanskt rött ris 144

　Ingredienser 145

　Vägbeskrivning 145

57. Grön salsa 147

　Ingredienser 148

　Vägbeskrivning 148

THAI, SERRANO, CAYENNE CHILES 148

58. Crêpe med kikärtsmjöl 149

    Ingredienser 149

    Vägbeskrivning 150

59. Vetecrepes 151

    Ingredienser 152

    Vägbeskrivning 152

60. Masala Tofu Scramble 153

    Ingredienser 154

    Vägbeskrivning 154

61. Masala Papad 156

    Ingredienser 157

    Vägbeskrivning 157

62. Kryddig bönsallad 158

    Ingredienser 159

    Vägbeskrivning 159

63. Rostad Aubergine Dip 161

Ingredienser 162

Vägbeskrivning 162

64. Bakade grönsaksrutor 164

Ingredienser 165

Vägbeskrivning 166

65. Kryddig sötpotatisfritter 167

Ingredienser 168

Vägbeskrivning 169

66. Mors groddar sallad 170

Ingredienser 171

Vägbeskrivning 171

67. Tomat, gurka och löksallad 172

Ingredienser 173

Vägbeskrivning 173

68. Street Popper sallad med kikärter 174

Ingredienser 175

Vägbeskrivning 175

69. Krisig morotssallad 177

    Ingredienser 178

    Vägbeskrivning 178

70. Brunt ris och Adzuki Bean Dhokla 179

    Vägbeskrivning 180

71. Varm nordindisk sallad 182

    Ingredienser 183

    Vägbeskrivning 183

72. Kall street sallad 185

    Ingredienser 186

    Vägbeskrivning 186

73. Quickie Masala bönor eller linser 188

    Ingredienser 189

    Vägbeskrivning 189

74. Baljväxtsallad med kokos 191

    Ingredienser 192

Vägbeskrivning 192

75. Currybönor eller linser 193

    Ingredienser 194

    Vägbeskrivning 194

76. Goan-inspirerad curry med kokosmjölk 195

    Ingredienser 197

    Vägbeskrivning 198

77. Baljväxter Chana Masala 198

    Ingredienser 199

    Vägbeskrivning 199

78. Punjabi currybönor .... två hundra

    Ingredienser 201

    Vägbeskrivning 202

79. Långsamt kokta bönor och linser 203

    Ingredienser 204

    Vägbeskrivning 204

80. Chana och Split Moong Dal med pepparflingor 205

Ingredienser 205

Vägbeskrivning 206

81. Kryddad tofu och tomater 207

Ingredienser 208

Vägbeskrivning 209

82. Potatishash med spiskummin 209

Ingredienser 211

Vägbeskrivning 211

83. Potatishash med senapsfrön 213

Ingredienser 214

Vägbeskrivning 214

84. Punjabi stil kål 216

Ingredienser 217

Vägbeskrivning 218

85. Kål med senapsfrön och kokos 219

Ingredienser 220

Vägbeskrivning ... 220

86. Bönor med potatis ... 221

    Ingredienser ... 222

    Vägbeskrivning ... 222

87. Aubergine med potatis ... 223

    Ingredienser ... 224

    Vägbeskrivning ... 225

88. Brysselkål Masala ... 226

    Ingredienser ... 227

    Vägbeskrivning ... 227

89. Auberginebröd fyllt med cashewnötter ... 229

    Ingredienser ... 230

    Vägbeskrivning ... 231

90. Kryddad spenat med "Paneer" ... 232

    Ingredienser ... 233

    Vägbeskrivning ... 234

91. Sprakande okra ... 235

Ingredienser 236

Vägbeskrivning 236

92. Varm och kryddig kinesisk kyckling 237

93. Kryddiga bönor 239

Ingredienser 240

Vägbeskrivning 240

Varm smaksättning 240

94. Poppers med kikärter 241

Ingredienser 242

Vägbeskrivning 242

95. Street majssallad 243

Ingredienser 244

Vägbeskrivning 244

96. Masala fruktsallad 245

Ingredienser 246

Vägbeskrivning 246

97. Bockhornsklöver-spenatpotatis 247

    Ingredienser 248

    Vägbeskrivning 248

98. Rostade Masalabönor eller linser 250

    Ingredienser 251

    Vägbeskrivning 251

99. Bönor med curryblad 252

    Ingredienser 253

100. Curry inspirerad av Sambhar på spisen 254

    Ingredienser 255

    Vägbeskrivning 255

INTRODUKTION

Chili ger färg till rätten förutom att de är varma. Mald röd chili används för att smaksätta kött och såser, medan gröna chili kryddar chutney och stekt. Chilipeppar kan vara heta oavsett färg. Capsicum eller grön paprika, alltid mildare i smaken, ger textur.

Garam masala (bokstavligen varm krydda på hindi) liknar kryddpepparpulver. Det är en användbar blandning av malda kryddor för att smaksätta nästan alla indiska rätter. Det är bäst att få kryddorna färska och rosta dem innan du maler dem. Den håller sig i ca 3 månader i en lufttät burk. Kryddor kan ta fram det bästa i vilken ingrediens som helst, och arom kan skapa en hälsosam aptit i hela grannskapet. Forntida indianer trodde att god mat borde tilltala alla sinnen. Allt är en fråga om proportioner – rätt konsistens, färg, smak och smak.

Tvärtemot vad många tror, blir "kryddig" mat inte resultatet Sår. Ingefära, till exempel, används inom orientalisk medicin som ett "botemedel" mot olika åkommor, inklusive huvudvärk för kroppsföryngring. I folktroen hyllas ingefära som ett reparativ och som ett afrodisiakum. Denna skarpsmakande rot hjälper matsmältningen. Denna rotingrediens, en nära "släkting" till kinesisk ginseng, hjälper matsmältningen. På samma sätt används gurkmeja i stor utsträckning som konserveringsmedel, smakförstärkare (i stället för MSG för att undvika "kinesiskt restaurangsyndrom") och livsmedelstillsats. Denna ingrediens har en framträdande plats i traditionell orientalisk medicin.

JALAPENO

1. Ranch Fylld Jalapeño

Portioner: 10

Ingredienser

- 1 paket (8 oz.) färskost, uppmjukad
- 1 dl riven cheddarost
- 1/4 kopp majonnäs
- 1 paket (1 oz.) torr salladsdressingmix
- 1 1/2 tsk vitlökspulver
- 20 stora jalapenopeppar, halverade och kärnade
- 1 lb. skivad kalkonbacon, halverad

Vägbeskrivning

1. Sätt ugnen på 400 grader F innan du gör något annat.
2. Tillsätt alla ingredienser utom jalapeñopeppar och bacon i en stor skål.

3. Fyll jalapeñohalvorna med ostblandningen och varva med en skiva bacon.

4. Fäst allt med tandpetare och lägg i en broilerpanna.

5. Tillaga allt i ugnen i ca 20 minuter.

2. Jalapeño majs

Portioner: 4

Ingredienser

- 6 ax färsk majs, korn skurna från kolvarna
- 2 färska jalapenopeppar, kärnade och tärnade 1/3 kopp tärnad lök
- 2 matskedar hackad piment
- 2 msk smör, skuren i bitar
- salt och mald svartpeppar efter smak

Vägbeskrivning

1. Kombinera jalapeñopeppar, lök, majs och smör i en mikrovågssäker skål.

2. Täck skålen med plastfolie och mikrovågsugn på hög temperatur i cirka 4 minuter, rör om var 1:e minut.

3. Krydda med salt och svartpeppar och servera.

3. Jalapeño gelé

Portioner: 32

Ingredienser

- 1 stor grön paprika
- 12 jalapenopeppar
- 1 1/2 dl äppelcidervinäger
- 1 nypa salt
- 4 1/4 koppar strösocker
- 4 oz. flytande pektin
- 4 jalapenopeppar, kärnade och finhackade

Vägbeskrivning

1. Tillsätt 12 jalapeñopeppar och paprika i en matberedare och mixa tills de är finhackade.
2. Kombinera pepparblandningen i en stor kastrull med cidervinägern och låt koka upp.
3. Koka allt i ca 15-20 minuter.

4. Lägg de 2 lagren av kökshanddukar över en skål och sila av pepparblandningen genom att trycka.

5. I samma kastrull, tillsätt 1 kopp av pepparvätskan, socker och salt på medelhög värme och rör om tills sockret är helt upplöst.

6. Koka upp allt och koka blandningen i ca 1 minut.

7. Rör i flytande pektin och återstående jalapeñopeppar och överför blandningen till steriliserade burkar, lämna cirka 1/4 tum huvudutrymme på toppen.

8. Förslut burkarna och bearbeta dem i ett varmt vattenbad.

9. Kyl geléen efter att burkarna öppnats.

4. Söta jalapeños

Portioner: 74

Ingredienser

- 1 liter tärnad jalapenopeppar
- 5 lbs. vitt socker

Vägbeskrivning

1. Häll av den nödvändiga mängden vatten från burken med jalapeñopeppar.

2. Tillsätt sockret och förslut burken och ställ åt sidan i minst 1 vecka, kassera burken dagligen.

5. Jalapeño Pesto

Portioner: 14

Ingredienser

- 1/4 kopp valnötter
- 2 vitlöksklyftor
- 2 koppar packade färska basilikablad
- 3/4 kopp strimlad Parmagiano-Reggiano ost
- 1 jalapenopeppar, stjälken borttagen
- 2/3 koppar olivolja
- salt och mald svartpeppar efter smak

Vägbeskrivning

1. I en matberedare, tillsätt vitlök och valnötter och mixa tills det är fint hackat.
2. Tillsätt resten av ingredienserna förutom oljan och pulsera tills det är väl blandat.

3. Med motorn igång, tillsätt långsamt oljan och pulsera tills den är slät.

6. **Biff med argentinsk Jalapeñosås**

Portioner: 6

Ingredienser

- 4 jalapeñopeppar, stjälkade
- 4 vitlöksklyftor, skalade
- 1 1/2 tsk knäckt svartpeppar
- 1 msk grovt salt
- 1/4 kopp citronsaft
- 1 msk torkad oregano
- 1 1/2 lbs. ryggbiff

Vägbeskrivning

1. Tillsätt vitlök, jalapeñopeppar, oregano, salt, svartpeppar och citronsaft i en mixer och mixa tills det är slätt.

2. Överför jalapeñoblandningen till en grund ugnsform.

3. Tillsätt steken och täck den generöst med blandningen.

4. Kyl, täckt, i ca 8 timmar.

5. Sätt grillen på hög värme och smörj grillen.

6. Stek paprikan på grillen i ca 5 minuter på båda sidor.

7. Mexikansk Jalapeño Salsa

Ingredienser

- 10 färska jalapeñopeppar
- 2 tomater
- 1 vit lök, i fjärdedelar
- 1/4 kopp färsk hackad koriander, eller mer efter smak 2 vitlöksklyftor, krossad 1 lime, med juice
- 1 tsk salt
- 1 tsk mald svartpeppar

Vägbeskrivning

1. I en stor kastrull med vatten, tillsätt jalapeñopeppar och låt koka upp.
2. Koka allt i ca 10-12 minuter.
3. Ta bort jalapeñopeppar från vattnet med en hålslev.
4. Ta bort stjälkarna och lägg i en mixer.
5. I samma kastrull med vatten, koka tomaterna i ca 2-3 minuter.
6. Ta bort tomaterna från vattnet med en hålslev.

7. Skala tomaterna och lägg dem i mixern med jalapeñopeppar.

8. Tillsätt resterande ingredienser och mixa tills det är slätt.

8. Jalapeño Fries

Ingredienser

- 2 koppar vegetabilisk olja, eller efter behov
- 1 kopp universalmjöl
- 2 matskedar vitlökspulver
- salt och mald svartpeppar efter smak
- 6 jalapeñopeppar - halverade, kärnade och skär i frittor
- 2 ägg

Vägbeskrivning

1. Värm oljan på medelvärme i en stor stekpanna.
2. Knäck äggen i en grund skål och vispa väl.
3. I en annan grund skål, vispa ihop mjöl, vitlökspulver, salt och svartpeppar.
4. Belägg jalapeñopepparskivorna med ägg och rulla i mjölblandningen jämnt.
5. Lägg i jalapeñoskivorna i den heta oljan i omgångar och stek dem ca 2-3 minuter på varje sida.

9. Jolly-Molly Popcorn

Ingredienser

- 1/4 kopp vegetabilisk olja, uppdelad
- 6 skivor inlagd jalapeñopeppar, avrunna
- 1/3 kopp popcornkärnor
- 1/4 kopp smör, smält
- 1 paket (1 oz.) ranch dressing mix

Vägbeskrivning

1. Värm 2 matskedar olja på medelhög värme i en liten stekpanna och stek jalapeñopeppar i cirka 3-5 minuter.

2. Med en hålslev, överför jalapeño paprikan till en tallrik och hacka dem.

3. Värm den återstående oljan på medelhög värme i en stor stekpanna och tillsätt 4 popcornkärnor.

4. Täck över och koka tills popcornen precis börjar poppa.

5. Lägg de återstående popcornkärnorna i pannan i ett enda lager.

6. Täck pannan och ta allt från värmen i ca 30 sekunder.

7. Sätt pannan på elden och koka allt i cirka 1-2 minuter, medan du försiktigt skakar pannan.

8. Ta kastrullen från värmen och överför popcornen till en stor skål.

9. Tillsätt det smälta smöret och ranchdressingblandningen och rör om.

10. Servera popcornen med en topping av krossad jalapeñopeppar.

10. Monterey aptitretare

Ingredienser

- 12 små jalapeños
- 6 oz. Monterey Jack ost, tärnad
- 1 kopp tunt skivad hård kosher salami
- trä tandpetare

Vägbeskrivning

1. Sätt grillen på hög värme och smörj grillen.
2. Ta bort stjälkarna, hinnan och fröna från jalapeñopeppar.
3. Fyll varje paprika med ost och linda varje paprika med en bit salami.
4. Fäst allt med tandpetare och grilla tills det får färg på båda sidor, vänd då och då.

11. Söndag jalapeños

Ingredienser

•

2 (7 oz.) burkar jalapeños

- 6 oz. Blandning av riven ost i mexikansk stil
- 1 lb. nötköttskorvar, varma
- 1 paket (5,5 oz.) kryddig kryddblandning

Vägbeskrivning

1. Sätt ugnen på 350 grader F innan du gör något annat.

2. Skär jalapeñopepparn på längden och ta sedan bort stjälkarna, hinnan och fröna.

3. Fyll varje paprika med ost.

4. Lägg korven mellan 2 lager plastfolie och kavla den tunt med en kavel.

5. Varva jalapeñopepparn med de tunna skivorna av korv.

6. Belägg jalapeñopeppar med den kryddade beläggningsblandningen.

7. Tillaga allt i ugnen i ca 15-25 minuter.

12. Jalapeño Fudge

Ingredienser

-
- 6 ägg
- 1 1/4 lbs. strimlad cheddarost
- 1 burk (4 oz.) tärnad jalapeñopeppar

Vägbeskrivning

1. Sätt ugnen på 350 grader F innan du gör något annat och smörj lätt en 12 x 9-tums bakplåt.

2. Knäck äggen i en skål och vispa dem.

3. Tillsätt jalapeñopeppar och cheddarost och blanda ihop.

4. Överför blandningen jämnt i den förberedda bakformen.

5. Tillaga allt i ugnen i ca 20-25 minuter.

13. Jalapeño Dip

2 hela färska jalapeñopeppar, kärnade, urkärnade och hackade

- 1 behållare (16 oz.) grädde
- 1 paket (1 oz.) torr salladsdressingmix
- 1 msk vitlökspulver
- 2 msk färsk hackad koriander

Ingredienser

●

Vägbeskrivning

1. Tillsätt alla ingredienser i en matberedare och mixa tills det är homogent.

2. Kyl, täckt, i cirka 1 timme till över natten innan servering.

14. Kalifornien mexikansk gryta

4 kokta potatisar

- 2 koppar mjölk
- 3 matskedar mjöl
- 1 tsk salt
- 1/4 tsk mald svartpeppar 1/4 tsk vitlökspulver
- 1 dl riven cheddarost
- 1 burk (4 oz.) tärnad jalapeñopeppar
- 1 burk (2 oz.) hackad kryddpeppar, avrunnen

Vägbeskrivning

1. Sätt ugnen på 350 grader F innan du gör något annat och smörj lätt en stor bakplåt.

2. I en stor kastrull med kokande vatten, koka potatisen i ca 15-18 minuter.

3. Häll av dem väl och ställ dem åt sidan för att svalna.

4. Rengör och skiva potatisen och överför sedan allt till den förberedda grytan.

Ingredienser

•

5. I en liten skål, vispa ihop mjöl, vitlökspulver, salt och svartpeppar.

6. I en kastrull, tillsätt mjölken på medelhög värme och tillsätt långsamt mjölblandningen under konstant vispning.

7. Koka allt under konstant vispning tills blandningen blir tjock.

8. Rör ner jalapeñopeppar och cheddarost och fortsätt koka, rör om tills osten smält.

9. Häll såsen jämnt över potatisen och täck dem jämnt med pimenten.

10. Tillaga allt i ugnen i ca 30 minuter.

Ingredienser
15. Mexikansk bakning med jalapeño

- 4 ägg
- 2 1/2 koppar strimlad mexikansk ost
- 16 oz. inlagda jalapeñoskivor

Vägbeskrivning

1. Värm ugnen till 350 grader F innan du gör något annat och smörj lätt en 8 x 8 tums bakplåt.
2. Knäck äggen i en skål och vispa dem.
3. Överför äggen till botten av den förberedda ugnsformen.
4. Lägg jalapeñopepparn jämnt över äggen, lämna lite paprika.
5. Lägg osten över jalapeño-peppar och toppa med resterande paprika.
6. Tillaga allt i ugnen i ca 30 minuter.

Ingredienser
16. Kryddig sydvästra majs

- 2 teskedar olivolja
- 1 stor jalapeñopeppar, hackad
- 2 matskedar hackad lök
- 1 1/2 dl fryst majs, tinad
- salt och mald svartpeppar efter smak
- 1 msk färsk hackad koriander

Vägbeskrivning

1. Värm oljan på medelhög värme i en stor stekpanna och fräs jalapeñopeppar i cirka 5 minuter.

2. Tillsätt löken och fräs i ca 2 minuter.

3. Rör ner majs, salt och svartpeppar och fräs i ca 5 minuter.

4. Rör ner koriander och koka i ca 30-60 sekunder.

Ingredienser
17. Jalapeño Poppers

12 oz. färskost, mjuk

1 paket (8 oz.) strimlad cheddarost

1 msk sojabaconbitar

12 oz. jalapeñopeppar, kärnade och halverade

1 dl mjölk

1 kopp universalmjöl

1 kopp torrt ströbröd

2 liter olja för stekning

Vägbeskrivning

1. Blanda bacon, cheddarost och färskost i en skål.

2. I en grund skål, lägg mjölken och i en annan grund skål, lägg mjölet.

3. Lägg ströbrödet i en tredje grund skål.

4. Fyll jalapeñopepparn med ostblandningen.

Ingredienser

5. Blötlägg jalapeñopeppar i mjölk och rulla dem sedan jämnt i mjöl.

6. Lägg jalapeñopepparn på en tallrik i cirka 10 minuter för att torka.

7. Blötlägg nu jalapeños igen i mjölken och rulla dem sedan jämnt i ströbrödet.

8. Lägg jalapeñopepparn på en tallrik för att torka.

9. Klä upp jalapeñopepparn i ströbrödet igen.

10. Värm oljan i en stekpanna till 365 grader F innan du fortsätter.

11. Koka jalapeñopopparna i ca 2-3 minuter.

12. Överför jalapeñopopparna till en tallrik med hushållspapper för att rinna av.

Ingredienser
18. Texas jalapeños

1 lb. malen kalkonkorv

1 paket (8 oz.) färskost, uppmjukad

1 kopp strimlad parmesan

1 lb. stora färska jalapeñopeppar, halverade på längden och kärnade 1 flaska (8 oz) ranchdressing

Vägbeskrivning

1. Sätt ugnen på 425 grader F innan du gör något annat.

2. Hetta upp en stor stekpanna på medelvärme och koka nötköttet tills det är helt brynt.

3. Kasta bort fettet från pannan.

4. Lägg över korvarna i en skål med parmesan och färskost och blanda väl.

5. Fyll jalapeñopepparhalvorna med ostblandningen och placera dem på plåtar.

6. Tillaga allt i ugnen i ca 20 minuter.

Ingredienser
19. Grillade baconwraps

6 färska jalapeñopeppar, halverade på längden och kärnade

1 paket (8 oz.) färskost

12 skivor kalkonbacon

Vägbeskrivning

1. Sätt grillen på hög värme och smörj grillen.

2. Fyll jalapeñopepparhalvorna med färskosten och varva dem med baconskivorna.

3. Grilla paprikorna tills baconet är knaprigt.

20. Jalapeño-pålägg

Ingredienser

- 2 paket (8 oz.) färskost, uppmjukad

- 1 kopp majonnäs

- 1 burk (4 oz.) hackad grön chili, avrunnen

- 2 oz. tärnad konserverad jalapeñopeppar, kort

- 1 dl riven parmesan

Vägbeskrivning

1. Tillsätt majonnäs och färskost i en stor mikrovågssäker skål och blanda väl.

2. Blanda i jalapeño och grönpeppar och toppa med parmesan.

3. Mikrovågsugn på hög i ca 3 minuter.

Ingredienser
21. Jalapeño och bärsylt

- 4 dl krossade jordgubbar
- 1 dl hackad jalapeñopeppar
- 1/4 kopp citronsaft
- 1 paket (2 oz.) pulveriserat fruktpektin
- 7 koppar vitt socker
- 8 halvliters konservburkar med lock och ringar, steriliserade

Vägbeskrivning

1. I en stor stekpanna, kombinera jalapeñopeppar, krossade jordgubbar, pektin och citronsaft över hög värme och låt koka upp.
2. Tillsätt sockret och rör om tills det är helt upplöst.
3. Koka upp allt igen och koka i ca 1 minut.
4. Överför sylten i varma steriliserade burkar, lämna cirka 1/4 tums utrymme på toppen.
5. Ta bort bubblorna från sylten genom att köra en kniv i burkarna.

Ingredienser

6. Förslut burkarna och bearbeta dem i ett varmt vattenbad.

Svamp och jalapeños

2 skivor matlagningsspray

med kalkonbacon

1 1/2 tsk olivolja

8 svampar, stjälkar borttagna och hackade och kapsyler reserverade

1 vitlöksklyfta, hackad

1 jalapeñopeppar, revben och frön borttagna, fint

1 paket (3 oz.) färskost, uppmjukad

3 matskedar strimlad cheddarost havssalt efter smak mald

svartpeppar efter smak

Vägbeskrivning

1. Sätt ugnen på 350 grader F innan du gör något annat och smörj ett bakplåtspapper lätt.

2. Hetta upp en stor stekpanna på medelhög värme och koka baconet i cirka 10 minuter.

3. Överför bacon till hushållspappersklädda tallrikar för att rinna av och smula sedan.

4. Under tiden, i en annan panna, värm oljan på medelvärme och fräs svampstjälkar, jalapeñopeppar och vitlök i cirka 10 minuter.

5. I en stor skål, tillsätt bacon, svampblandning, cheddarost, färskost, salt och svartpeppar och blanda väl.

6.Fyll svamplocken med baconblandningen och arrangera i ett enda lager i en förberedd ugnsform.

Ingredienser
7. Tillaga allt i ugnen i ca 15-20 minuter.

22. Monterey Enchiladas

Ingredienser

3 skinn- och benfria kycklingbrösthalvor

1 tsk cayennepeppar 1/2 tsk vitlökspulver salt och mald svartpeppar efter smak 2 msk smör

1 stor lök, hackad

2 jalapeñopeppar, kärnade och hackade

1 paket (8 oz.) färskost

1/2 tsk cayennepeppar

1 msk vitlökspulver

1/2 tsk paprika

1/2 tsk chilipulver

1/2 tsk malen spiskummin

1 burk (28 oz.) grön enchiladasås

7 Mjöl tortilla

8 uns. strimlad Monterey Jack ost, delad

Vägbeskrivning

1. Sätt ugnen på 350 grader F innan du gör något annat.

2. Strö kycklingbrösten med 1 tsk cayennepeppar, 1/2 tsk vitlökspulver, salt och svartpeppar och lägg i en ugnsform.

3. Tillaga allt i ugnen i ca 45 minuter.

4. Ta bort allt från ugnen och ställ åt sidan för att svalna helt, strimla sedan kycklingen med 2 gafflar.

5. Smält smöret på medelvärme i en stor stekpanna och fräs jalapeñopeppar och lök i cirka 5 minuter.

6. Tillsätt färskosten och koka tills osten smält.

7. Tillsätt den kokta kycklingen och resterande cayennepeppar, vitlökspulver, chilipulver, paprika och spiskummin och ta bort från värmen.

8. Bred hälften av den gröna enchiladasåsen i botten av en 13x9-tums skål.

9. Lägg tortillorna på en slät yta.

10. Placera kycklingblandningen i mitten av varje tortilla och toppa med hälften av Monterey Jack-osten.

11. Rulla ihop tortillorna och lägg dem över såsen i en bakplåt.

12. Toppa med resterande sås och resterande Monterey Jack-ost.

13. Tillaga allt i ugnen i ca 30-35 minuter.

23. Jalapeñosmörgås

Ingredienser

- 2 oz. färskost, mjuk
- 1 msk gräddfil
- 10 skivor inlagd jalapeñopeppar, eller efter smak - hackad
- 2 ciabatta smörgåsrullar
- 4 teskedar smör
- 8 tortillachips, krossade

Vägbeskrivning

1. Blanda inlagda jalapeños, gräddfil och färskost i en skål och ställ åt sidan.

2. Hetta upp en stor stekpanna på medelvärme.

3. Skär varje ciabattarulle på mitten horisontellt och skär sedan av de rundade topparna från rullarna för att bilda en platt övre halva.

4. Placera ca 1 tsk smör över den skurna sidan av den nedre bullen och den översta bullen plattas ut jämnt.

5. Lägg hälften av färskostblandningen, krossade chips och riven ost på den osmorda sidan av den nedersta bullen.

6. Ordna den övre halvan av bullen ovanpå för att göra en smörgås.

7. Upprepa med den återstående smörgåsen.

8. Koka mackorna i en het panna i ca 3-5 minuter.

9. Vänd var och en försiktigt och koka tills osten smält.

24. Jalapeño smördeg

Ingredienser

12 mini filotärta skal

4 oz. färskost, mjuk

1/2 kopp strimlad cheddarost

2 jalapeñopeppar, kärnade och hackade

1 msk pepparsås sojabaconbitar

Vägbeskrivning

1. Sätt ugnen på 400 grader F innan du gör något annat och arrangera filokopparna på en plåt.

2. Blanda ihop jalapeñopeppar, cheddarost, färskost och varm sås i en skål.

3. Fördela blandningen i filokopparna och toppa med baconbitarna.

4. Tillaga allt i ugnen i ca 15-20 minuter.

25. Kryddigt Jalapenobröd

Ingredienser

2/3 koppar margarin, uppmjukat

2/3 kopp vitt socker

2 koppar majsmjöl

1 1/3 koppar universalmjöl

4 1/2 tsk bakpulver

1 tsk salt

3 stora ägg

1 2/3 koppar mjölk

1 dl hackad färsk jalapeñopeppar

Vägbeskrivning

1. Värm ugnen till 400 grader F innan du gör något annat och smörj lätt en 13 x 9 tums bakplåt.

2. I en stor skål, tillsätt sockret och margarinet och vispa tills det är slätt.

3. Blanda mjöl, kärnmjölk, bakpulver och salt i en andra skål.

4. I en tredje skål, tillsätt mjölken och äggen och vispa väl.

5. Tillsätt cirka 1/3 av mjöl- och äggblandningen till sockerblandningen och vispa tills det är väl blandat.

6. Upprepa med de återstående blandningarna och tillsätt jalapeñopeppar.

7. Lägg över blandningen jämnt i den förberedda ugnsformen och tillaga allt i ugnen i ca 22-26 minuter.

26. Jalapeñosoppa

Ingredienser

- 6 dl kycklingsoppa
- 2 koppar hackad selleri
- 2 koppar hackad lök
- 1 tsk vitlökssalt
- 2 lbs. Cheddarostkuber
- 1 kopp tärnad jalapeñopeppar

Vägbeskrivning

1. I en stor panna, rör ihop lök, selleri, vitlökssalt och fond på hög värme och koka i cirka 10 minuter.

2. Ta allt från värmen och överför allt till en mixer med osten och pulsera tills det är slätt.

3. Lägg soppblandningen i pannan på medelvärme.

4. Rör ner jalapeñopeppar och koka tills den är genomvärmd.

27. Jalapeño Chili Texas Style

Ingredienser

2 paket (12 oz.) Kryddig Jalapeño kycklingkorv

2 matskedar olivolja

1/2 kopp hackad lök

1 grön paprika, hackad

1 röd paprika, hackad

1 gul paprika, hackad 1/2 jalapeñopeppar, hackad

3 vitlöksklyftor

2 (15 oz.) burk svarta sojabönor

3 Matsked chilipulver

1 tsk malen spiskummin

1 tesked torkad oregano

2 Lagerblad

1/4 kopp grädde

Vägbeskrivning

1. Hetta upp oljan i en stor panna och fräs korven, paprikan, jalapeñopeppar, lök och vitlök i ca 4-5 minuter.

2. Tillsätt resterande ingredienser och sänk värmen till låg.

3. Koka allt i cirka 20 minuter.

4. Servera med en gräddtoppning.

28. Karibisk-mexikansk middag

Ingredienser

1 tsk kokosolja

1 1/2 kopp basmatiris - tillagas på 10 minuter

2 (13,5 oz.) kan lätt kokosmjölk 2 lime, salt med
skal och juice, efter smak

Rostad majs, jalapeños och kyckling:

4 majstortillas, skär var och en i 1/4-tums remsor nonstick matlagningsspray

2 jalapeñopeppar

1 burk (15,25 oz) hel majskärna, väl dränerad

1 msk rapsolja, delad

8 oz. skinnfritt, benfritt kycklingbröst, skuret i små bitar

2 matskedar chilipulver

1 msk mald spiskummin

1 kopp konserverade svarta bönor, avrunna

1 kopp färska hackade tomater

1 avokado - skalad, urkärnad och tärnad

4 matskedar gräddfil

Vägbeskrivning

1. Sätt ugnen på 400 grader F innan du gör något annat och smörj ett bakplåtspapper lätt.

2. I en stor stekpanna, värm oljan på medelvärme och stek riset i ca 1 minut.

3. Rör ner kokosmjölken, öka sedan värmen och låt allt koka upp.

4. Sänk värmen till låg och låt sjuda under lock i cirka 35 minuter.

5. Ta allt från värmen och ställ åt sidan, täckt, i cirka 10 minuter.

6. Fluffa riset med en gaffel och blanda i citronskal, salt och citronsaft.

7. Täck pannan för att hålla den varm.

8. Ordna tortillaremsorna på den förberedda bakplåten och tillaga allt i ugnen i cirka 30 minuter.

9. Håll i jalapeñopepparn med en tång och lägg den över spisbrännaren i cirka 3 minuter, vänd på pepparn kontinuerligt.

10. Överför genast paprikan till en plastpåse och förslut den tätt, håll den sedan åt sidan i cirka 5-10 minuter.

11. Ta bort stjälkarna, skinnet och fröna och hacka sedan.

12. Belägg en nonstick-panna med matlagningsspray och värm på medelhög värme.

13. Tillsätt majsen och koka i ca 1-3 minuter.

14. Lägg över majsen i en skål.

15. Värm oljan på medelhög värme i samma panna och stek kyckling, spiskummin och chilipulver i ca 2-3 minuter.

16. Tillsätt majsen och bönorna och koka i cirka 5 minuter.

17. Dela riset i serveringsskålar och toppa med kyckling- och tomatblandningen.

18. Servera med en gräddfilstoppning vid sidan av tortillastrimlor.

29. Texas Jalapeño Chutney

Ingredienser

5 persikor, mogna

2 jalapeños, stjälkarna borttagna, tärnade

1 msk ingefära, finhackad

1 sked socker

1 tesked mald kanel

2 tesked citronsaft

Vägbeskrivning

1. Skala persikorna, ta sedan bort gropar och skär 3 av dem i en skål.

2. I en mixer, tillsätt de återstående persikorna och mixa tills de är mosade.

3. Kombinera persikopuré, ingefära, jalapeños, socker, limejuice och kanel i en stekpanna på medelvärme.

4. Koka, rör om då och då, i ca 5-6 minuter.

5. Tillsätt de hackade persikorna och koka allt, rör om då och då i cirka 3 minuter eller tills önskad tjocklek på chutneyn.

6. Ta allt från värmen och låt svalna innan servering.

30. Ungersk Jalapeño chili

Ingredienser

- 2 matskedar olivolja
- 2 hackad vitlöksklyfta
- 1 stor lök, grovt hackad
- 1 röd paprika, grovt hackad
- 2 jalapeñopeppar, kärnade och skivade
- 1 burk (15 oz.) tomatsås

- 1 burk (28 oz) krossade tomater

- 3/4 kopp lönnsirap

- 1 burk (40 oz) bönor, avrunna

- 1 msk grovmalen svartpeppar

- 2 matskedar chilipulver

- 4 lbs. nötfärs chuck

- Salt att smaka

Vägbeskrivning

1. Värm oljan på medelvärme, paprikan och löken i en stor panna och fräs i ca 5-6 minuter.

2. Tillsätt vitlök och jalapeño och koka i ca 1 minut.

3. Tillsätt bönorna, tomaterna, tomatsåsen, lönnsirap, chili och svartpeppar och låt koka upp.

4. Sänk värmen till låg.

5. Värm under tiden en stor stekpanna med non-stick på medelhög värme och koka saltnötköttet i cirka 8-10 minuter.

6. Kassera överflödigt fett och överför nötköttet till pannan med bönblandningen.

7. Sjud, rör om då och då, i ca 1 timme.

8. Rör ner saltet och fortsätt koka i ytterligare 5 minuter.

31. Medelhavskikärtssoppa

Ingredienser

- 2 matskedar olivolja
- 5 vitlöksklyftor, hackade
- 2 jalapeñopeppar, hackad
- 1 tsk malen spiskummin
- 1 tsk torkad oregano
- 2 burkar (14 oz) kikärter, avrunna och sköljda
- 2 burkar (14 oz.) grönsaksbuljong
- 2 koppar vatten
- 5 matskedar färsk citronsaft
- 1/3 kopp färsk koriander, hackad
- salt och peppar

Vägbeskrivning

1. Värm oljan på medelvärme i en stor sopppanna och fräs jalapeños och vitlök tills de fått färg.
2. Rör ner oregano och spiskummin och fräs i några minuter.

3. Blanda kikärtorna, vattnet och fonden och koka allt i ca 20 minuter.

4. Rör ner kryddor, koriander och citronsaft och låt sjuda i ca 5 minuter.

32. Traditionell mexikansk sås

Ingredienser

2 burkar tomater (16 oz).

2 matskedar olja

1 dl lök, finhackad

1 liten jalapeñopeppar, hackad

2 vitlöksklyftor, hackade

2 matskedar buljong

1 tsk torkad oregano

1 tsk torkat ancho chile pulver

1/2 tsk spiskummin

1/2 tsk torkad basilika

Vägbeskrivning

1. Töm tomaterna, spara vätskan och hacka sedan tomaterna.

2. Värm oljan på medelhög värme i en stekpanna och fräs lök, vitlök och jalapeño i cirka 5 minuter.

3. Tillsätt tomaterna, den reserverade vätskan och resten Ingredienser och koka allt i ca 20-30 minuter, rör om då och då.

4. Använd en stavmixer och puré blandningen helt.

33. Linssoppa

Ingredienser

- 1 lb torkade svarta bönor
- 1 1/2 liter vatten
- 1 morot, hackad
- 1 stjälkselleri, hackad
- 1 stor rödlök, hackad
- 6 vitlöksklyftor, hackade
- 2 gröna paprikor, hackade
- 2 jalapeñopeppar, kärnade och hackade 1/4 kopp torkade linser
- 1 burk skalade och tärnade tomater
- 2 matskedar chilipulver
- 2 tsk malen spiskummin
- 1/2 tsk torkad oregano
- 1/2 tsk mald svartpeppar 3 msk rödvinsvinäger 1 msk salt
- 1/2 kopp okokt vitt ris

Vägbeskrivning

1. Doppa bönorna i vatten cirka 3 gånger storleken.

2. Låt sedan allt koka i 12 minuter.

3. Lägg nu ett lock på pannan och stäng av värmen.

4. Låt bönorna sitta i 1 1/2 timme innan du tar bort vätskan och skölj sedan av bönorna.

5. Tillsätt bönorna i en långsam kokare med 1,5 liter färskvatten och koka i 3 timmar på hög.

6. Nu, efter 3 timmars tillagning, tillsätt följande: tomater, morötter, linser, selleri, salt, chilipulver, vinäger, spiskummin, svartpeppar och oregano, jalapeños, lök, paprika och vitlök.

7. Med låg värme, koka i ytterligare 3 timmar. Tillsätt sedan riset med ca 25 minuter kvar av koktiden.

8. Ta hälften av soppan och puré den i en mixer och lägg sedan tillbaka den i grytan.

9. Njut av.

34. Lätt Dahl

Ingredienser

1 kopp röda linser

2 Skedar av ingefära rot, hackad

1 tesked senapsfrön

2 Skedar färsk hackad koriander

4 tomater, hackade

3 lökar, hackade

3 jalapeñopeppar, kärnade och hackade

1 msk mald spiskummin

1 msk malda korianderfrön

6 vitlöksklyftor, hackade

2 matskedar olivolja

1 dl vatten salt

efter smak

Vägbeskrivning

1. Tryckkoka linser tills de är mjuka eller koka dem i vatten i 22 minuter.

2. Stek senapsfröna tills de börjar stelna, tillsätt sedan olja, vitlök, lök, jalapeños och ingefära.

3. Fortsätt att röra om och stek tills löken blir brun.

4. Häll nu tomater, spiskummin och koriander.

5. Koka tomaterna i 2 minuter och tillsätt sedan vatten och koka allt i 7 minuter.

6. Kombinera de kokta linserna och blanda allt.

7. I slutet, tillsätt önskad mängd salt.

8. Servera med koriander. Njut med kokt basmati.

35. Asiatiskt inspirerade wontons

Ingredienser

- 1 paket (8 oz.) färskost, uppmjukad
- 1 burk (4 oz.) tärnad jalapeñopeppar
- 20 (3,5-tums kvadrat) wonton-omslag
- 1/2 kopp sweet chilisåsolja för fritering

Vägbeskrivning

1. Blanda jalapeñopeppar och färskost i en skål.

2. Placera cirka 1 tsk av jalapeñoblandningen i mitten av varje wontonomslag.

3. Täck kanterna på omslagen med blöta fingrar och vik dem över fyllningen i en triangelform.

4. Tryck på kanterna med fingrarna för att försegla dem helt.

5. I en stor stekpanna, värm oljan till 375 grader F.

6. Tillsätt wontons i omgångar och koka i cirka 2 minuter, vänd då och då.

7. Överför omslagen till en pappershanddusklädd plåt för att rinna av.

8. Servera med sweet chilisås.

36. Turkiet lunch wontons

Ingredienser

- 3/4 kopp citronsaft
- 1 dl torkade blåbär
- 1 1/2 dl strimlad kokt kalkon
- 1 kopp beredd fyllning
- 4 oz. färskost, mjukad 1/4 kopp tjock kalkonsås
- 1 paket (14 oz.) wonton omslag salt efter smak

- 3 dl rapsolja för stekning

- 2 msk hackad lök

- 1 matsked citronsaft

- 1 tsk fröfri och finhackad jalapeñopeppar - eller efter smak

- 1 tsk finhackad vitlök

- 1 tsk vatten

Vägbeskrivning

1. Blanda de torkade tranbären och citronsaften i en skål och ställ åt sidan.

2. I en skål, kombinera kalkonsås, kalkon, färskost och fyllning.

3. Placera cirka 1 matsked av persikoblandningen i mitten av varje wonton-omslag.

4. Pensla kanterna på omslagen med äggviteblandningen och vik dem över fyllningen i en triangelform.

5. Tryck till kanterna med fingrarna för att täta dem helt och strö över salt.

6. Värm oljan på medelhög värme i en stor stekpanna.

7. Tillsätt wontons i omgångar och koka i ca 2 minuter på varje sida.

8. Överför omslagen till en pappershandduksklädd plåt för att rinna av.

9. Låt tranbären rinna av helt och lägg i en matberedare och mixa tills de är finhackade.

10. I en skål, överför de hackade tranbären med resten av ingredienserna och blanda väl.

11. Servera wontons med tranbärssalsan.

37. Wontons Louisville

Ingredienser

- 1/2 kopp konserverad grön chile
- 1/4 kopp jalapeños på burk
- 1 pund Monterey Jack ost, strimlad
- wonton omslag

S.O.S

- 3 avokado, mosade
- 2 matskedar citronsaft
- 1 tsk kryddsalt, blanda
- 1 tsk mald koriander
- 1/2 kopp majonnäs
- 3 salladslökar, hackade

Vägbeskrivning

1. Tillsätt Monterey Jack-ost, jalapeño och grön chili i en mixer och mixa tills det är slätt.

2. Lägg cirka 2 matskedar av ostblandningen på ena hörnet av wonton-omslaget och vik det hörnet över fyllningen.

3. Vik det högra och vänstra hörnet och fukta det återstående hörnet innan du viker ner det.

4. I en stor stekpanna, värm oljan till 350 grader F.

5. Tillsätt wontons i omgångar och koka i ca 1-2 minuter.

6. Överför omslagen till en pappershandduksklädd plåt för att rinna av.

7. Till såsen, blanda alla ingredienserna till såsen i en skål.

8. Servera wontonen med såsen.

38. Lätt mexikanskt brunt ris

Ingredienser

- 2 koppar kokt brunt ris
- 1 burk (15 oz) bönor, sköljda och avrunna
- 1 burk (15 oz) svarta bönor, sköljda och avrunna
- 1 burk (15,25 oz.) hel majskärna, avrunnen
- 1 liten lök, tärnad
- 1 grön paprika, tärnad
- 2 jalapeñopeppar, kärnade och tärnade
- 1 grön lime, med skal och saft
- 1/4 kopp hackade korianderblad
- 1 tsk finhackad vitlök
- 1 1/2 tsk mald spiskummin
- Salt att smaka

Vägbeskrivning

1. Skaffa en skål, kombinera: spiskummin, ris, vitlök, bönor, koriander, majs, citronsaft och skal, lök, jalapeños och grön paprika.

2. Tillsätt önskad mängd peppar och salt och kyl innehållet i 60 minuter, blanda sedan allt och servera.

3. Njut av.

39. Asiatisk kycklingsoppa

Ingredienser

- 3 liter kycklingbuljong
- 2 stjälkar färskt citrongräs (var och en 12 till 18 tum lång)
- 12 skivor färsk ingefära (tunna, kvarts storlek)
- 6 färska jalapeñopeppar
- 1 1/4 lb kål
- 8 oz. svamp
- 2 morötter
- 2 kg benfritt, skinnfritt kycklingbröst
- 4 vitlöksklyftor, rensade och hackade
- 1 (14 1/2 oz.) burk tärnade tomater
- 1/2 kopp citronsaft
- 2 msk asiatisk fisksås
- 1/3 kopp tunt skivad grön lök
- 5 koppar varmt ris
- 2 citroner, skivade

- 1 1/2 dl färsk hackad koriander

Vägbeskrivning

1. Koka upp buljongen i en stor panna på hög värme.

2. Putsa citrongrässtjälkarna, släng sedan de yttre lagren, skär varje stjälk i 3-tums längder.

3. Krossa försiktigt bitarna av ingefära och citrongräs.

4. Skär 2 jalapeños på mitten och finhacka resten.

5. I en kastrull med sjudande fond, tillsätt citrongräs, ingefära och halverade jalapeños och sänk värmen.

6. Koka under lock i ca 20-30 minuter.

7. Strimla under tiden kålen och skiva svampen i 1/4-tums tjocka skivor, kassera stjälkändar och missfärgade delar.

8. Skala morötterna och skär dem i 1/4 tum tjocka skivor.

9. Skär kycklingen i 1/4 tum tjocka, 1 1/2-2 tum långa skivor.

10. Tillsätt i buljongen: morötter, svamp, kål och vitlök och koka över hög värme.

11. Sänk värmen och låt sjuda under lock i ca 8-10 minuter.

12. Tillsätt buljong tomater och kyckling och öka värmen till hög.

13. Koka under lock i ca 3-5 minuter.

14. Blanda fisksåsen och citronsaften och tillsätt salladslöken.

15. Servera med ris, citronklyftor, koriander och hackad chili.

40. Kambodjansk currysås

Ingredienser

1/3 kopp citrongräs

4 vitlöksklyftor

1 tsk galangal, torkad

1 tsk mald gurkmeja

1 jalapeño chili, skakad och kärnad

3 schalottenlök

3 1/2 dl kokosmjölk

3 kaffir limeblad

1 nypa salt

Vägbeskrivning

1. Tillsätt citrongräs, schalottenlök, galangal, vitlök och jalapeño i en matberedare och mixa tills det är mosat.

2. Tillsätt kokosmjölken i en kastrull och låt koka upp och rör sedan ner puréblandningen.

3. Tillsätt saltet och limebladen och koka under konstant omrörning i cirka 5 minuter.

4. Sänk värmen till låg och låt sjuda i cirka 30 minuter, rör om då och då.

5. Släng lindbladen.

6. För 1 portion, tillsätt 1/2 kopp av denna currysås i en grund panna.

7. Tillsätt 1/2 dl kött eller grönsaker och låt koka upp och koka till önskad form.

41. Vit chili

Ingredienser

- 1 matsked vegetabilisk olja
- 1 lök, tärnad
- 3 vitlöksklyftor, hackade
- 1 burk (4 oz.) tärnad jalapeñopeppar
- 1 burk (4 oz.) tärnad grön chili
- 2 tsk malen spiskummin
- 1 tsk torkad oregano
- 1 tsk malen cayennepeppar
- 2 burkar (14,5 oz.) kycklingbuljong
- 3 dl tärnat kokt kycklingbröst
- 3 (15 oz.) burkar vita bönor
- 1 kopp strimlad Monterey Jack ost

Vägbeskrivning

1. Fräs löken i oljan tills den är mjuk, tillsätt sedan cayennepeppar, vitlök, oregano, jalapeños, spiskummin och peppar.

2. Koka denna blandning i ytterligare 4 minuter, häll sedan i bönorna, kycklingen och fonden.

3. Koka upp allt, sänk sedan värmen och sjud innehållet i 17 minuter.

4. Rör om i chilin var 4:e minut.

5. Stäng av värmen och tillsätt osten.

6. När osten har smält är din chili redo att serveras.

42. Jalapeño Gazpacho

Ingredienser

- 2 koppar strimlad zucchini
- 1 lök, grovt tärnad
- 1 avokado - skalad, urkärnad och grovt tärnad
- 1/2 kopp konserverade garbanzobönor, avrunna
- 1/4 kopp äppelcidervinäger
- 1 jalapeñopeppar, kärnad och hackad
- 2 tsk citronsaft (valfritt)
- 1 vitlöksklyfta, krossad
- 1/4 tesked salt eller mer efter smak
- 1/4 tsk mald svartpeppar eller mer efter smak

Vägbeskrivning

1. Ta en skål, kombinera: peppar, zucchini, vitlök, salt, lök, limejuice, avokado, jalapeño, garbanzos och cidervinäger.

2. Rör om blandningen för att fördela innehållet jämnt och lägg ett plastlock runt skålen.

3. Ställ allt i kylen i 2 timmar.

4. Njut av.

43. Avokadosalsa

Ingredienser

- 1 mango, skalad, kärnad och tärnad
- 1 avokado, skalad, urkärnad och tärnad
- 4 medelstora tomater, tärnade
- 1 jalapeñopeppar, kärnad och tärnad 1/2 kopp färsk hackad koriander
- 3 vitlöksklyftor, skurna i tärningar
- 1 tsk salt

- 2 matskedar färsk citronsaft
- 1/4 kopp hackad rödlök
- 3 matskedar olivolja

Vägbeskrivning

1. Ta en skål, blanda: vitlök, mango, koriander, avokado och tomater.

2. Rör om blandningen och tillsätt sedan olivolja, salt, rödlök och citronsaft.

3. Rör om salsan så att vätskan fördelas jämnt. Lägg sedan ett plastlock på skålen och ställ allt i kylen i 40 minuter.

4. Njut av.

44. New World Ceviche

Ingredienser

- 1 förpackning (16 oz.) kokta, skalade och avskalade medelstora räkor
- 2 paket (8 oz.) imiterad krabbkött, skuren i 1-tums bitar
- 5 tomater, tärnade
- 3 avokado, skalade och tärnade
- 1 engelsk gurka, skalad och skuren i små bitar
- 1 rödlök, tärnad
- 1 knippe koriander, hackad eller mer efter smak
- 4 limefrukter, juice
- 2 jalapeñopeppar, kärnade och finhackade
- 2 vitlöksklyftor, pressade
- 1 flaska (64 oz.) tomatjuice och musslor salt och mald svartpeppar efter smak

Vägbeskrivning

1. Skaffa en skål, kombinera: vitlök, krabba, jalapeño, tomat, limejuice, avokado, räkor, koriander, gurka och rödlök.

2. Rör om blandningen och tillsätt sedan musseljuicecocktailen.

3. Rör om blandningen igen, lägg sedan ett plastlock på skålen och lägg allt i kylen i 8 timmar.

4. Njut av.

45. Kryddig mexikansk popsicles

Ingredienser

- 3 koppar gurka
- 2/3 kopp socker
- 1/3 kopp citronsaft
- 1 jalapeño chile, utan frön

Vägbeskrivning

1. Tillsätt följande i skålen på en matberedare: gurka, socker, lime och jalapeño.
2. Pulsera blandningen tills du har en puré, passera sedan allt genom en sil.
3. Fördela blandningen mellan istärningsbrickor och kyl över natten.
4. Njut av.

46. Spansk lasagne

Ingredienser

- 4 koppar hackade konserverade tomater
- 1 burk (7 oz) tärnad grön chili
- 1 burk (4 oz) tärnad jalapeñopeppar
- 1 lök, tärnad
- 3 vitlöksklyftor, hackade
- 10 kvistar färsk koriander, hackad
- 2 msk mald spiskummin
- 2 kg kryddig nötkorv eller italiensk kalkonkorv
- 1 behållare (32 oz) ricottaost
- 4 ägg, lätt vispade
- 1 paket (16 oz) riven fyrostblandning i mexikansk stil
- 1 paket (8 oz.) lasagnenudlar utan tillagning

Vägbeskrivning

1. Koka följande i 2 minuter och låt sedan sjuda i 55 minuter: koriander, tomater, spiskummin, grön chili, vitlök, lök och jalapeños.

2. Ta en skål, blanda: uppvispade ägg och ricotta.

3. Sätt ugnen på 350 grader innan du fortsätter.

4. Stek biffkorvarna. Ta sedan bort överflödig olja och strimla köttet.

5. I en ugnsform, applicera ett lätt lager sås, lägg sedan på: korv, 1/2 sås, 1/2 riven ost, lasagnenudlar, ricotta, fler nudlar, all återstående sås och mer riven ost.

6. Klä ett ark folie med non-stick spray och täck lasagnen. Koka under lock i 30 minuter och utan lock i 15 minuter.

7. Njut av.

47. Krämig kycklingfettuccine

Ingredienser

- 1 pund torr fettuccinepasta
- 2 matskedar vegetabilisk olja
- 1/4 kopp skivad lök
- 1/2 kopp hackad gul squash
- 1/2 kopp zucchini, skär diagonalt i 1/2-tums tjocka skivor
- 3/4 kopp skivad svamp (valfritt)
- 1 1/4 koppar tung grädde
- 1 jalapeñopeppar, kärnad och tärnad
- 1 tsk hackad vitlök
- 1 msk dijonsenap
- 1 msk cajunkrydda
- 1/2 dl riven parmesan
- 1/2 kopp tärnade tomater salt och peppar efter smak
- 3 matskedar vegetabilisk olja
- 1 lb. kycklingbröst, skuren i 1/2-tums bitar mjöl för muddring

Vägbeskrivning

1. Koka fettuccine i 10 minuter i vatten och salt.

2. Ta en panna, hetta upp lite olja och stek i 5 minuter: svamp, lök, zucchini och squash.

3. Kombinera grädden och pastan med löken och koka försiktigt i 5 minuter. Tillsätt nu cajunkrydda, jalapeño, senap och vitlök. Koka i ytterligare 2 minuter.

4. Ta en andra panna och koka kycklingen efter att den har belagts med mjöl i 3 matskedar olja tills den är helt klar.

5. Blanda ihop allt, kyckling, grönsaker och pasta.

6. Njut av.

48. Chipotle coleslaw

Ingrediens

- 1 grönkålshuvud, strimlad
- 1 lök, hackad
- 2 morötter, hackade
- 2 jalapeñopeppar, hackad
- 1 ägg
- 1 liten citron, med juice
- 1 matsked vit vinäger
- 1/4 tesked salt
- 1 kopp vegetabilisk olja
- 2 matskedar beredd senap
- 2 matskedar vitt socker
- 1 matsked cidervinäger
- 1/2 tsk malen chipotlepeppar
- 1/2 tsk sellerisalt

Vägbeskrivning

1. I en stor skål, kombinera morötter, kål, lök och jalapeñopeppar.

2. Till majonnäsen, i en matberedare, tillsätt ägg, citronsaft, vit vinäger och salt och mixa tills det är homogent.

3. Med motorn igång långsamt, tillsätt oljan och pulsera tills den är slät och tjock och överför till en stor skål.

4. Tillsätt alla ingredienserna till dressingen och blanda tills det är väl blandat.

5. Häll dressingen över salladen och blanda tills den är väl blandad.

6. Täck över och ställ i kylen i minst 2 timmar innan servering.

49. Jalapeño, Cilantro och Mango Tilapia

Ingredienser

- 1/3 kopp extra virgin olivolja
- 1 matsked citronsaft
- 1 msk hackad färsk persilja
- 1 vitlöksklyfta, hackad
- 1 tsk torkad basilika
- 1 tsk mald svartpeppar
- 1/2 tsk salt
- 2 (6 oz.) tilapiafiléer
- 1 stor mogen mango, skalad, urkärnad och tärnad 1/2 röd paprika, tärnad
- 2 msk hackad rödlök
- 1 msk tärnad färsk koriander
- 1 jalapeñopeppar, kärnad och hackad
- 2 matskedar citronsaft
- 1 matsked citronsaft
- salt och peppar efter smak

Vägbeskrivning

1. Ta en skål, kombinera: en halv tesked salt, olivolja, 1 tesked peppar, 1 matsked citronsaft, basilika, vitlök och persilja.

2. Täck fiskbitarna genom att blanda dem i skålen också.

3. Lägg ett lock på skålen och ställ i kylen i 60 minuter.

4. Skaffa en andra skål, kombinera: 1 msk limejuice, mango, peppar, limejuice, paprika, salt, jalapeños, koriander och rödlök.

5. Täck även denna blandning och ställ i kylen.

6. Hetta upp en grill och smörj grillen med olja.

7. Stek fiskbitarna i 5 minuter på varje sida och garnera dem sedan med mangoblandningen vid servering.

50. Räkor i Thailand

Ingredienser

- 4 vitlöksklyftor, skalade
- 1 (1 tum) bit färsk ingefära rot
- 1 färsk jalapeñopeppar, utan kärnor
- 1/2 tsk salt
- 1/2 tsk mald gurkmeja
- 2 matskedar vegetabilisk olja
- 1 medelstor lök, tärnad
- 1 kg medelstora räkor - rensade och rensade
- 2 tomater, kärnade och tärnade
- 1 dl kokosmjölk
- 3 msk hackade färska basilikablad

Vägbeskrivning

1. Mixa blandningen av vitlök, gurkmeja, ingefära och jalapeño i en mixer tills den är slät.

2. Koka löken i het olja några minuter innan du tillsätter kryddpastan och kokar ytterligare några minuter.

3. Koka räkorna i den i några minuter innan du tillsätter tomaterna och kokosmjölken och kokar i fem minuter med locket på.

4. Koka nu i ytterligare fem minuter utan lock för att få den tjocka såsen.

5. Tillsätt lite färsk basilika i sista minuten också.

6. Tjäna.

51. Jerk Chicken

Ingredienser

1/2 salladslök, hackad

1/4 kopp apelsinjuice

1 matsked nyhackad ingefärarot

1 msk hackad jalapeñopeppar

1 matsked citronsaft

1 matsked sojasås

1 vitlöksklyfta, hackad

1 tsk mald kryddpeppar

1/4 tsk mald kanel

1/2 tsk mald kryddnejlika

1 (2 till 3 lb) hel kyckling, skuren i bitar

Vägbeskrivning

1.För marinaden, blanda följande jämnt: kryddnejlika, lök, kanel, apelsinjuice, kryddpeppar, ingefära, vitlök, peppar, sojasås och citronsaft.

2. Täck din kyckling med marinaden. Lägg locket på behållaren. Ställ allt i kylen i 7-8 timmar.

3. Lägg på en het grill. Grilla kycklingen tills den är klar, tiden beror på värmenivån. 7-8 minuter på varje sida. Koka extra marinad i 5 minuter och använd som topping eller släng.

4. Njut.

52. Jamaicansk sallad

Ingredienser

- 2 skinn- och benfria kycklingbrösthalvor
- 1/2 kopp teriyakimarinadsås
- 2 tomater, kärnade och tärnade
- 1/2 kopp tärnad lök
- 2 tsk hackad jalapeñopeppar
- 2 tsk färsk, tärnad koriander
- 1/4 kopp dijonsenap
- 1/4 kopp honung
- 1 1/2 msk vitt socker
- 1 matsked vegetabilisk olja
- 1 1/2 msk cidervinäger
- 1 1/2 tsk citronsaft
- 3/4 lb blandad grönsallad
- 1 burk (8 oz.) ananasbitar, avrunna
- 4 koppar majstortillachips

Vägbeskrivning

1. Ta en skål, kombinera: teriyaki och kyckling.

2. Lägg ett lock på skålen och ställ i kylen i 3 timmar.

3. Skaffa en andra skål, kombinera: koriander, tomater, jalapeños och lök.

4. Lägg även ett lock på denna skål och kyl även innehållet i kylen.

5. Ta en tredje skål, blanda: citronsaft, senap, vinäger, honung, olja och socker.

6. Få blandningen fin och slät, lägg sedan ett lock på bunken och ställ in den i kylen också.

7. Värm nu grillen och smörj grillen. Koka kycklingen i 9 minuter på varje sida.

8. Lägg grönsakerna på ett serveringsfat, täck dem sedan med lite av innehållet i den andra skålen, tillsätt sedan lite ananas och krossade tortillachips.

9. Tillsätt önskad mängd grillad kyckling, toppa sedan allt generöst med den söta såsen från den tredje skålen. Njut av.

53. Babykokos

Ingredienser

- 1 tsk malen spiskummin
- 1 tsk malen cayennepeppar
- 1 tsk mald gurkmeja
- 1 tsk mald koriander
- 4 skinn- och benfria kycklingbrösthalvor salt och peppar efter smak
- 2 matskedar olivolja

- 1 lök, tärnad
- 1 msk nyhackad ingefära
- 2 jalapeñopeppar, kärnade och tärnade
- 2 vitlöksklyftor, hackade
- 3 tomater, kärnade och tärnade
- 1 (14 oz.) burk kokosmjölk
- 1 knippe färsk persilja skuren i tärningar

Vägbeskrivning

1. Skaffa en skål, kombinera: koriander, spiskummin, gurkmeja och cayenne.

2. Tillsätt nu kycklingen och lite peppar och salt.

3. Rör om innehållet för att täcka kycklingbitarna jämnt.

4. Börja nu steka kycklingen i 1 msk olivolja tills den är klar, 16 minuter. Lägg kycklingen på sidan.

5. Tillsätt resten av oljan och börja steka följande i 7 minuter: vitlök, lök, jalapeños och ingefära.

6. Tillsätt tomaterna och koka blandningen i ytterligare 10 minuter innan du häller i kokosmjölken.

7. Täck kycklingen med tomat-kokosblandningen och sedan lite persilja.

8. Njut av dig själv.

54. Maya couscous

Ingredienser

- 1 kopp couscous

- 1/2 tsk malen spiskummin

- 1 tsk salt, eller efter smak

- 1 1/4 koppar kokande vatten

- 1 klyfta oskalad vitlök

- 1 burk (15 oz) svarta bönor, sköljda och avrunna

- 1 kopp konserverad hel majskärna, avrunnen

- 1/2 dl finhackad rödlök

- 1/4 kopp färsk hackad koriander

- 1 jalapeñopeppar, hackad

- 3 matskedar olivolja

- 3 matskedar färsk citronsaft, eller efter smak

Vägbeskrivning

1. Tillsätt kokande vatten till en salt- och couscousblandning i en stor skål och täck med plastfolie innan du låter den stå i cirka tio minuter.

2. Koka under tiden oskalad vitlök i het olja på medelvärme tills den är gyllenbrun.

3. Krossa nu denna vitlök och tillsätt den till couscousen tillsammans med de svarta bönorna, löken, koriander, majs, jalapeñopeppar, olivolja och citronsaft.

4. Tjäna.

55. Biff fajitas

Ingredienser

Tacos:

- 1 matsked vegetabilisk olja
- 1 paket (1 oz.) tacokrydda mix
- 1 (1 1/4 pund) flankstek, putsad av överflödigt fett
- 8 (6-tums) mjöltortillas för mjuka tacos och fajitas

Mango Salsa:

- 2 medelmogna mango, kärnade, skalade och tärnade
- Saft av 1 medelstor lime
- 1 jalapeño chili, kärnfri, hackad
- 1/4 kopp hackad rödlök
- 1/4 kopp hackade färska korianderblad

Vägbeskrivning

1. Värm ugnen till 400 grader F innan du gör något annat.

2. Koka flanksteken efter att ha lagt på tacokryddan och häll den över hög värme tills den fått färg och ställ in i den förvärmda ugnen tills den är mjuk.

3. Låt den svalna i cirka 10 minuter och under denna tid, kombinera alla ingredienser till salsa väl.

4. Skär den förberedda biffen i små bitar och vik tortillan i tre bitar med lite salsa.

56. Mexikanskt rött ris

Ingredienser

2 Roma (plommontomater), urkärnade

2 matskedar vegetabilisk olja

1 kopp hackad lök

2 vitlöksklyftor, hackade

1 kopp okokt långkornigt vitt ris

1 3/4 koppar kycklingsoppa med låg natriumhalt 1/4 kopp tomatsås på burk

1 jalapeñopeppar, hackad

Vägbeskrivning

1. Använd ett rivjärn och kassera tomatskalen, riv tomaterna och lägg i en medelstor skål.

2. Koka nu löken och tillsätt vitlöken i den heta oljan i cirka 5 minuter före vitlöken och en minut efter att du tillsatt vitlöken.

3. Tillsätt nu ris och koka i ytterligare 3 minuter för att få lätt stekt ris.

4. Koka upp allt efter att ha tillsatt kycklingtomatsås, rivna tomater och kycklingfond.

5.Strö över jalapeñopeppar, salt och koriander innan du sänker värmen till låg och kokar i ytterligare 15 minuter samtidigt som du har locket på pannan.

6. Ta nu bort riset från värmen och låt det sitta övertäckt i pannan i ca 8 minuter innan du överför det till serveringsfatet.

57. Grön salsa

Ingredienser

2 kilo tomater, skalade

2 färsk jalapeñopeppar

3 vitlöksklyftor, skalade

1 kryddnejlika streck

1/2 tsk malen spiskummin

1 skvätt svartpeppar

1 tsk kycklingfond granulat eller salt

Vägbeskrivning

1. Koka tomater, jalapeños och vitlök i en stor kastrull efter att ha lagt dem i vatten.

2. Låt det nu koka upp och koka i cirka 10 minuter eller tills tomaterna blir gula efter att ha sänkt värmen till medel.

3. Låt det svalna i 10 minuter och efter att du har tagit bort allt vatten från; lägg dessa tomater, tillsammans med kryddnejlika, peppar, spiskummin och kycklingfond i mixern.

4. Mixa tills önskad jämnhet uppnås.

THAI, SERRANO, CAYENNE CHILES

58. Crêpe med kikärtsmjöl

AVKASTNING: 8

Ingredienser

- 2 koppar (184 g) gram (kikärter) mjöl (besan)

- 1½ koppar (356 g) vatten

- 1 liten lök, skalad och hackad (cirka ½ kopp [75 g])

- 1 bit ingefära, skalad och riven eller hackad

- 1-3 gröna thai-, serrano- eller cayennepeppar, hackade

- ¼ kopp (7 g) torkade bockhornsklöverblad (kasoori methi)

- ½ kopp (8 g) färsk koriander, hackad
- 1 tsk grovt havssalt
- ½ tsk mald koriander
- ½ tsk gurkmejapulver
- 1 tsk rött chilepulver eller cayenneolja, för stekning

Vägbeskrivning

a) I en djup skål, blanda mjöl och vatten tills det är slätt. Jag gillar att börja med en visp och sedan använda baksidan av en sked för att bryta upp små mjölklumpar som normalt bildas.

b) Låt blandningen sitta i minst 20 minuter.

c) Tillsätt övriga ingredienser förutom oljan och blanda väl.

d) Värm en grill på medelhög värme.

e) Tillsätt ½ tesked olja och fördela den över grillen med baksidan av en sked eller en pappershandduk. Du kan också använda matlagningsspray för att belägga pannan jämnt.

f) Använd en slev och häll ¼ kopp smet i mitten av pannan. Med baksidan av sleven, bred ut degen i en medurs cirkulär rörelse från mitten till utsidan av pannan för att skapa en tunn, rund pannkaka cirka 5 tum (12,5 cm) i diameter.

g) Koka arman tills den är lätt brynt på ena sidan, cirka 2 minuter, vänd den sedan för att tillaga den andra sidan. Tryck till med spateln för att se till att även mitten är tillagad.

h) Koka resterande smet, tillsätt olja efter behov för att förhindra att den fastnar.

i) Servera med en sida av min Mint eller Peach Chutney.

59. Vete crepes

AVKASTNING: 6 KOPPER

Ingredienser

- 3 koppar grädde av vete
- 2 koppar osötad vanlig sojayoghurt
- 3 koppar vatten
- 1 tsk grovt havssalt
- $\frac{1}{2}$ tesked mald svartpeppar
- $\frac{1}{2}$ tsk röd chili eller cayennepulver
- $\frac{1}{2}$ gul eller röd lök, skalad och finhackad
- 1-2 gröna thai-, serrano- eller cayennepeppar, hackade
- Ställ åt sidan oljan för stekning i en liten skål
- $\frac{1}{2}$ stor lök, skalad och halverad (för att förbereda pannan)

Vägbeskrivning

a) Blanda i en djup skål grädden av vete, yoghurt, vatten, salt, svartpeppar och chilipulver och ställ åt sidan i 30 minuter för att jäsa försiktigt.

b) Tillsätt den hackade löken och chilin. Blanda försiktigt.

c) Värm en grill på medelhög värme. Häll 1 tsk olja i pannan.

d) När pannan är varm sticker du en gaffel i den oskärna, rundade delen av löken. Håll i gaffelns handtag och gnugga den avskurna hälften av löken fram och tillbaka över pannan. Kombinationen av värme, lökjuice och olja hjälper till att förhindra att dosan fastnar. Håll löken med gaffeln till hands för att använda igen mellan doserna. När det svartnar från pannan, skär det tunt över ansiktet.

e) Håll en liten skål med olja åt sidan med en sked - du kommer att använda den senare.

f) Nu äntligen till matlagningen! Häll lite mer än $\frac{1}{4}$ kopp smet i mitten av den förberedda varma pannan. Med baksidan av pannan, gör sakta medurs drag från mitten till den yttre kanten av pannan tills smeten är tunn och crêpe-liknande. Om blandningen omedelbart börjar bubbla, sänk bara värmen något.

g) Använd en liten sked och häll en tunn stråle olja i en cirkel runt degen.

h) Låt dosan koka tills den är lätt brynt och dras bort från pannan. Vänd och stek den andra sidan.

60. Masala Tofu Scramble

AVKASTNING: 2 KOPPER

Ingredienser

- 14 uns paket ekologisk extra fast tofu
- 1 matsked olja
- 1 tsk spiskummin
- ½ liten vit eller röd lök, skalad och hackad
- 1 bit ingefära, skalad och riven
- 1-2 gröna thai-, serrano- eller cayennepeppar, hackade
- ½ tsk gurkmejapulver
- ½ tsk röd chili eller cayennepulver
- ½ tsk grovt havssalt
- ½ tesked svart salt
- ¼ kopp (4 g) färsk koriander, hackad

Vägbeskrivning

a) Smula ner tofun med händerna och ställ åt sidan.

b) I en tung, platt stekpanna, värm oljan på medelhög värme.

c) Tillsätt spiskummin och koka tills fröna fräser, cirka 30 sekunder.

d) Tillsätt lök, ingefära, chili och gurkmeja. Koka och bryn i 1 till 2 minuter, rör om för att förhindra att den fastnar.

e) Tillsätt tofun och blanda väl för att se till att hela blandningen blir gul av gurkmejan.

f) Tillsätt rött chilipulver, havssalt, svart salt (kala namak) och koriander. Blanda väl.

g) Servera med rostat bröd eller rullad i en varm roti eller paratha wrap.

61. Masala Papad

AVKASTNING: 6-10 wafers

Ingredienser

- 1 paket (6-10 enheter) köpt papad (gjord av linser)
- 2 matskedar olja
- 1 medelstor rödlök, rengjord och hackad
- 2 medelstora tomater, tärnade
- 1-2 gröna thai-, serrano- eller cayennepeppar, stjälkarna borttagna, tunt skivade
- 1 tsk Chaat Masala
- Rött chilepulver eller cayenne, efter smak

Vägbeskrivning

a) Med en tång, ta en papad i taget och värm den över spisen. Om du har en gasspis, laga rätt över lågan, var noga med att släcka alla bitar som fattas eld. Det bästa sättet att tillaga dem är att vända dem hela tiden tills alla sidor är kokta och krispiga. Om du använder en elspis, värm dem på en grill över brännaren och vänd dem kontinuerligt tills de är krispiga. Var försiktig – de bränns lätt.

b) Lägg papaderna på en stor bricka.

c) Pensla varje papad lätt med olja med en bakelseborste.

d) Blanda ihop lök, tomater och chili i en liten skål.

e) Lägg 2 matskedar av lökblandningen ovanpå varje papad.

f) Toppa varje papad med ett stänk av Chaat Masala och rött chilipulver. Servera omedelbart.

62. Kryddig bönsallad

AVKASTNING: 5 KOPPAR (1,19 L)

Ingredienser

- 4 koppar kokta bönor (eller 2 [15-ounce] (426 g) burkar, avrunna och sköljda)
- 1 medelstor potatis, kokt och tärnad
- ½ medelstor rödlök, skalad och tärnad
- 1 medelstor tomat, tärnad
- 1 bit ingefära, skalad och riven eller hackad
- 2-3 gröna thai-, serrano- eller cayennepeppar, hackade
- Saften av 1 citron
- 1 tsk svart salt (kala namak)
- 1 tsk Chaat Masala
- ½ tsk grovt havssalt
- ½-1 tsk röd chili eller cayennepulver
- ¼ kopp hackad färsk koriander
- ¼ kopp Tamarind Dadelchutney

Vägbeskrivning

a) Blanda alla ingredienser utom tamarind och dadelchutney i en stor skål.

b) Dela salladen i små serveringsskålar och toppa var och en med en sked av Tamarind Dadelchutney.

63. Stekt Aubergine Dip

AVKASTNING: 5 KOPPAR (1,19 L)

Ingredienser

- 3 medelstora auberginer med skal (stor, rund, lila sort)
- 2 matskedar olja
- 1 rågad tesked spiskummin
- 1 tsk mald koriander
- 1 tesked gurkmejapulver
- 1 stor gul eller röd lök, skalad och tärnad
- 1 (2 tum [5 cm]) bit ingefära rot, skalad och riven eller hackad
- 8 vitlöksklyftor, rensade och rivna eller hackade
- 2 medelstora tomater, skalade (om möjligt) och tärnade
- 1-4 gröna thai-, serrano- eller cayennepeppar, hackade
- 1 tsk röd chile eller cayennepulver
- 1 msk grovt havssalt

Vägbeskrivning

a) Placera en ugnsgaller i det näst högsta läget. Förvärm broiler till 500°F (260°C). Klä en bakplåt med aluminiumfolie för att undvika stök senare.

b) Stick hål i auberginerna med en gaffel (för att släppa ut ånga) och lägg dem på plåten. Koka i 30 minuter, vänd en gång. Huden kommer att förkolnas och brännas i vissa områden när den är klar. Ta ut plåten från ugnen och låt auberginen svalna i minst 15 minuter.

c) Med en vass kniv skär du en skåra på längden från ena änden av varje aubergine till den andra och dra försiktigt isär den. Ta bort det stekta köttet från insidan, var noga med att undvika ånga och spara så mycket juice som möjligt. Lägg det rostade aubergineköttet i en skål.

d) Värm oljan på medelhög värme i en djup, tung stekpanna.

e) Tillsätt spiskummin och koka tills det fräser, cirka 30 sekunder.

f) Tillsätt koriander och gurkmeja. Rör om och koka i 30 sekunder.

g) Tillsätt löken och bryn i 2 minuter.

h) Tillsätt ingefära och vitlök och koka i ytterligare 2 minuter.

i) Tillsätt tomaterna och varm peppar. Koka i 3 minuter, tills blandningen mjuknar.

j) Tillsätt det rostade auberginekött et och koka i ytterligare 5 minuter, rör om då och då för att förhindra att det fastnar.

k) Tillsätt chilipulver och salt. Vid det här laget bör du också ta bort och kassera eventuella herrelösa bitar av förkolnat aubergineskal.

l) Mixa denna blandning med en stavmixer eller i en separat mixer. Överdriv inte – det ska fortfarande finnas lite konsistens. Servera med rostade naanskivor, kex eller tortillachips. Du kan också servera den traditionellt med en indisk måltid av roti, linser och raita.

64. Bakade grönsaksrutor

AVKASTNING: 25 MEDELSTORA RUTOR

Ingredienser

- 2 koppar (140 g) riven vitkål ($\frac{1}{2}$ litet huvud)
- 1 kopp (100 g) strimlad blomkål ($\frac{1}{4}$ medium huvud)
- 1 kopp (124 g) riven zucchini
- $\frac{1}{2}$ potatis, skalad och riven
- $\frac{1}{2}$ medelgul eller röd lök, skalad och tärnad
- 1 bit ingefära, skalad och riven eller hackad
- 3-4 gröna thai-, serrano- eller cayennepeppar, hackade
- $\frac{1}{4}$ kopp (4 g) färsk hackad koriander
- 3 koppar (276 g) gram (kikärter) mjöl (besan)
- $\frac{1}{2}$ 12-ounce paket sidentofu
- 1 msk grovt havssalt
- 1 tesked gurkmejapulver
- 1 tsk röd chile eller cayennepulver

- ¼ tesked bakpulver
- ¼ kopp olja

Vägbeskrivning

a) Placera ett ugnsgaller i mitten och förvärm ugnen till 350°F (180°C). Olja in en 10-tums (25 cm) fyrkantig panna. Använd en större panna om du vill ha en tunnare och krispigare pakora.

b) I en djup skål, kombinera kål, blomkål, zucchini, potatis, lök, ingefära, chili och koriander.

c) Tillsätt mjölet och blanda långsamt tills det är väl homogeniserat. Det hjälper att använda händerna för att blanda ihop allt.

d) I en matberedare, mixer eller mer kraftfull mixer, mixa tofun tills den är slät.

e) Tillsätt tofublandningen, salt, gurkmeja, chilipulver, bakpulver och olja till grönsaksblandningen. Blanda.

f) Häll blandningen i den förberedda pannan.

g) Grädda i 45 till 50 minuter, beroende på hur varm ugnen är. Skålen är klar när en tandpetare i mitten kommer ut ren.

h) Kyl i 10 minuter och skär i rutor. Servera med din favoritchutney.

65. Kryddig sötpotatisfritter

AVKASTNING: 10 MEDELSTORA TÄCKAR

Ingredienser

- 1 stor sötpotatis (eller vit potatis), skalad och tärnad
- ½ tum (13 mm) tärningar (cirka 4 koppar [600 g])
- 3 matskedar olja, delad
- 1 tsk spiskummin
- ½ medelgul eller röd lök, skalad och finhackad
- 1 tum ingefära rot, skalad och riven eller hackad
- 1 tesked gurkmejapulver
- 1 tsk mald koriander
- 1 tsk garam masala
- 1 tsk röd chile eller cayennepulver
- 1 kopp (145 g) ärtor, färska eller frysta (tina först)
- 1-2 gröna thai-, serrano- eller cayennepeppar, hackade
- 1 tsk grovt havssalt

- ½ kopp (46 g) gram (kikärter) mjöl (besan)

- 1 matsked citronsaft

- Nyhackad persilja eller koriander, till garnering

Vägbeskrivning

a) Ångkoka potatisen tills den är mjuk, ca 7 minuter. Låt det svalna.
Använd händerna eller en potatisstöt för att bryta upp den något. Du kommer att ha cirka 3 koppar (630 g) potatismos vid det här laget.

b) I en liten stekpanna, värm 2 matskedar olja över medelhög värme.

c) Tillsätt spiskummin och koka tills det fräser och är lätt brynt, cirka 30 sekunder.

d) Tillsätt lök, ingefära, gurkmeja, koriander, garam masala och chilipulver. Koka tills de är mjuka, ytterligare 2-3 minuter. Låt blandningen svalna.

e) När den har svalnat, tillsätt blandningen till potatisen, följt av ärtor, chili, salt, mjöl och citronsaft.

f) Blanda väl med händerna eller stor sked.

g) Forma blandningen till små biffar och ställ åt sidan på en plåt.

h) I en stor, tung stekpanna, värm återstående 1 matsked olja över medelhög värme. Koka köttbullarna i omgångar om 2-4, beroende på pannans storlek, ca 2-3 minuter på varje sida, tills de fått färg.

i) Den serveras varm, garnerad med färsk hackad persilja eller koriander. Denna bulle kan ätas som en smörgås, på en salladsbädd eller som en rolig förrätt. Blandningen håller sig i cirka 3 till 4 dagar i kylen. För att göra köttbullen mer traditionell, använd vanlig potatis istället för sötpotatis.

66. Mors groddar sallad

AVKASTNING: 2 KOPPER

Ingredienser

- 1 kopp (192 g) hela grodda gröna linser (sabut moong)
- 1 salladslök, hackad
- 1 liten tomat, hackad ($\frac{1}{2}$ kopp [80 g])
- $\frac{1}{2}$ liten röd eller gul paprika, hackad ($\frac{1}{4}$ kopp [38 g])
- 1 liten gurka, rengjord och hackad
- 1 liten potatis, kokt, skalad och hackad
- 1 bit ingefära, skalad och riven eller hackad
- 1-2 gröna thai-, serrano- eller cayennepeppar, hackade
- $\frac{1}{4}$ kopp (4 g) färsk hackad koriander
- Saft av $\frac{1}{2}$ citron eller lime
- $\frac{1}{2}$ tsk havssalt
- $\frac{1}{2}$ tsk röd chili eller cayennepulver
- $\frac{1}{2}$ tesked olja

Vägbeskrivning

a) Blanda alla ingredienser och blanda väl. Servera som en sallad eller som ett snabbt, hälsosamt, proteinrikt mellanmål.

b) Fyll i en pitabröd med en hackad avokado för en snabb lunch.

67. Tomat-, gurk- och löksallad

AVKASTNING: 5 KOPPAR (1,19 L)

Ingredienser

- 1 stor gul eller röd lök, skalad och tärnad
- 4 medelstora tomater, tärnade
- 4 medelstora gurkor, skalade och tärnade
- 1-3 gröna thai-, serrano- eller cayennepeppar, hackade
- Saften av 2 limefrukter
- $\frac{1}{4}$ kopp (4 g) färsk hackad koriander
- 1 tsk grovt havssalt
- 1 tsk svart salt (kala namak)
- 1 tsk röd chile eller cayennepulver

Vägbeskrivning

a) Blanda alla ingredienser i en stor skål och blanda väl.

b) Servera omedelbart som tillbehör till valfri rätt eller servera med chips som en snabb och hälsosam salsa.

Observera att med kombinationen av citron och tomater har denna sallad ingen lång hållbarhet.

68. Street Popper sallad med kikärter

AVKASTNING: 5 KOPPAR (1,19 L)

Ingredienser

- 4 koppar Kikärts Poppers tillagad med valfri masala
- 1 medium gul eller röd lök, skalad och tärnad
- 1 stor tomat, tärnad
- Saften av 2 citroner
- ½ kopp (8 g) färsk hackad koriander
- 2-4 gröna thai-, serrano- eller cayennepeppar, hackade
- 1 tsk grovt havssalt
- 1 tsk svart salt (kala namak)
- 1 tsk röd chile eller cayennepulver
- 1 tsk Chaat Masala
- ½ kopp mintchutney
- ½ kopp tamarind dadelchutney
- 1 kopp sojayoghurt Raita

Vägbeskrivning

a) I en djup skål, blanda kikärtspoppers, lök, tomater, citronsaft, koriander, chili, havssalt, svart salt, röd chilipulver och Chaat Masala.

b) Fördela blandningen i individuella serveringsskålar.

c) Toppa varje skål med varsin sked av myntamarind och dadelchutney och sojayoghurt Raita. Servera omedelbart.

69. Knäckig morotssallad

AVKASTNING: 5 KOPPAR (1,19 L)

Ingredienser

- ½ kopp (96 g) delade och skalade gröna linser
- 5 koppar (550 g) skalade och rivna morötter
- 1 medium daikon, skalad och riven
- ¼ kopp (40 g) råa, torrrostade jordnötter
- ¼ kopp (4 g) färsk hackad koriander
- Saften av 1 medelstor citron
- 2 tsk grovt havssalt
- ½ tsk röd chili eller cayennepulver
- 1 matsked olja
- 1 rågad tesked svarta senapsfrön
- 6–7 curryblad, grovt hackade
- 1–2 gröna thai-, serrano- eller cayennepeppar, hackade

Vägbeskrivning

a) Blötlägg linserna i kokande vatten i 20 till 25 minuter tills de är al dente. Läckage.

b) Lägg morötter och daikon i en djup skål.

c) Tillsätt de avrunna linserna, jordnötterna, koriander, citronsaft, salt och chilipulver.

d) I en liten, tung stekpanna, värm oljan på medelhög värme.

e) Tillsätt senapsfröna. Täck pannan (så att den inte kommer ut och bränner dig) och koka tills fröna fräser, cirka 30 sekunder.

f) Tillsätt försiktigt currybladen och grön chili.

g) Häll denna blandning över salladen och blanda väl. Servera omedelbart eller kyl innan servering.

70.Brunt ris och Adzuki Bean Dhokla

AVKASTNING: ca 2 dussin SMÅ RUTOR

- ½ kopp (95 g) brunt basmatiris, tvättat
- ½ kopp (95 g) vitt basmatiris, tvättat
- ½ kopp (99 g) skalade hela adzukibönor, plockade och tvättade
- 2 matskedar split gram (chana dal)
- ¼ tesked bockhornsklöver frön
- ½ 12-ounce paket mjuk sidentofu
- Saften av 1 medelstor citron
- 1 tsk grovt havssalt
- 1 kopp vatten
- ½ tsk eno eller bakpulver
- ½ tesked röd chile, cayenne eller paprikapulver
- 1 matsked olja
- 1 tsk bruna eller svarta senapsfrön
- 15-20 curryblad, grovt hackade

- 1-3 gröna thai-, serrano- eller cayennepeppar, stjälkarna borttagna, skurna på längden

Vägbeskrivning

a) Blötlägg brunt och vitt ris, adzukibönor, split gram och bockhornsklöver i vatten över natten.

b) I en kraftfull mixer, kombinera den avrunna ris- och linsblandningen, tofu, citronsaft, salt och 1 dl vatten.

c) Mal maximalt i 4 till 5 minuter tills det är homogeniserat. Ha tålamod. Du kan behöva stanna och skrapa ner sidorna av kannan så att den blandas jämnt. Häll blandningen i en djup skål.

d) Låt degen sitta i 2 till 3 timmar. Klart, annars börjar det surna.

e) Smörj en djup fyrkantig form. (Min är 22,5 cm i kvadrat och 5 cm djup.)

f) Strö eno eller bakpulver på botten och rör om försiktigt 2 eller 3 gånger. Du kommer genast se att det börjar bubbla.

g) Häll smeten i den förberedda pannan.

h) Koka upp lite vatten i en dubbelpanna som är tillräckligt stor för att passa den fyrkantiga pannan. Placera försiktigt den fyrkantiga pannan ovanpå pannan.

i) Täck pannan och ånga i 12 till 15 minuter. Dhokla tillagas när en tandpetare i mitten kommer ut ren. Ta av locket och låt svalna i 10 minuter i pannan.

j) Ta försiktigt bort den fyrkantiga pannan från värmen.

k) Skär försiktigt dhokla i rutor och arrangera dem i en pyramid på en stor tallrik.

l) Strö dem med röd peppar, cayennepeppar eller paprika.

m) Förbered tempereringen. I en stekpanna, värm 1 matsked olja på medelhög värme. Tillsätt senapsfröna. När de börjar poppa, tillsätt curryblade och chilin.

n) Häll denna blandning jämnt över dhokla. Servera genast med en sida av mynta-koriander eller kokosnötchutney.

71. Varm nordindisk sallad

AVKASTNING: 3 KOPPER

Ingredienser

- 1 matsked olja
- 1 tsk spiskummin
- ½ tsk gurkmejapulver
- 1 medelstor gul eller röd lök, rengjord och hackad
- 1 bit ingefära, skalad och skuren i tändstickor
- 2 vitlöksklyftor, rensade och rivna
- 1-2 gröna thai-, serrano- eller cayennepeppar
- 2 koppar (396 g) kokta hela bönor eller linser
- 1 tsk grovt havssalt
- ½ tsk röd chili eller cayennepulver
- ½ tesked svart salt (kala namak) ¼ kopp (4 g) färsk hackad koriander

Vägbeskrivning

a) Värm oljan på medelhög värme i en djup, tung stekpanna.

b) Tillsätt spiskummin och gurkmeja. Koka tills fröna krackelerar, cirka 30 sekunder.

c) Tillsätt lök, ingefära, vitlök och peppar. Koka tills de fått färg, ca 2 minuter.

d) Tillsätt bönorna eller linserna. Koka i ytterligare 2 minuter.

e) Tillsätt havssalt, chilipulver, svart salt och koriander. Blanda väl och servera.

72. Kall street sallad

AVKASTNING: 6 KOPPER

Ingredienser

- 4 koppar hela bönor eller kokta linser
- 1 medelstor rödlök, rensad och tärnad
- 1 medelstor tomat, tärnad
- 1 liten gurka, skalad och tärnad
- 1 medium daikon, skalad och riven
- 1-2 gröna thai-, serrano- eller cayennepeppar, hackade
- ¼ kopp (4 g) färsk, hackad koriander
- Saften av 1 stor citron
- 1 tsk grovt havssalt
- ½ tsk svart salt (kala namak)
- ½ tsk Chaat Masala
- ½ tsk röd chili eller cayennepulver
- 1 tesked färsk vit gurkmeja, rengjord och riven (valfritt)

Vägbeskrivning

a) Blanda alla ingredienser i en djup skål.

b) Servera omedelbart som en sidosallad eller inlindad i ett salladsblad.

73. Quickie Masala bönor eller linser

AVKASTNING: 5 KOPPAR (1,19 L)

Ingredienser

- 1 kopp Gila Masala
- 1 kopp hackade grönsaker
- 1-3 thailändska, serrano- eller cayennepeppar, hackade
- 1 tsk garam masala
- 1 tsk mald koriander
- 1 tsk rostad malen spiskummin
- ½ tsk röd chili eller cayennepulver
- 1½ tsk grovt havssalt
- 2 koppar vatten
- 2 dl hela bönor eller kokta linser
- 1 msk färsk hackad koriander, till garnering

Vägbeskrivning

a) Värm Gila Masalaen på medelhög värme i en djup, tung kastrull tills den börjar bubbla.

b) Tillsätt grönsaker, chili, garam masala, koriander, spiskummin, chilipulver, salt och vatten. Koka tills grönsakerna mjuknat, 15 till 20 minuter.

c) Tillsätt bönorna eller linserna. Koka tills den är genomvärmd.

d) Garnera med koriander och servera genast med brunt eller vitt basmatiris, roti eller naan.

74. Baljväxtsallad med kokos

AVKASTNING: 4 KOPPER

Ingredienser

- 2 matskedar kokosolja
- ½ tesked asafetida (hing)
- 1 tsk svarta senapsfrön
- 10–12 curryblad, grovt hackade
- 2 matskedar osötad riven kokos
- 4 koppar hela bönor eller kokta linser
- 1 tsk grovt havssalt
- 1–2 thailändska, serrano- eller cayennepeppar,

Vägbeskrivning

a) Värm oljan på medelhög värme i en djup, tung stekpanna.

b) Tillsätt asafetida, senap, curryblad och kokos. Värm tills fröna poppar, cirka 30 sekunder. Var noga med att inte bränna currybladen eller kokosen. Fröna kan komma ut, så ha ett lock till hands.

c) Tillsätt bönorna eller linserna, salta och peppra. Blanda väl och servera genast.

75. Currybönor eller linser

AVKASTNING: 5 KOPPER

Ingredienser

- 2 matskedar olja
- ½ tesked asafetida (hing)
- 2 tsk spiskummin
- ½ tsk gurkmejapulver
- 1 kanelstång
- 1 kassia (eller lager) blad
- ½ medelgul eller röd lök, skalad och hackad
- 1 bit ingefära, skalad och riven eller hackad
- 4 vitlöksklyftor, rensade och rivna eller hackade
- 2 stora tomater, skalade och tärnade
- 2-4 gröna thai-, serrano- eller cayennepeppar, hackade
- 4 koppar hela bönor eller kokta linser
- 4 koppar vatten
- 1½ tsk grovt havssalt

- 1 tsk röd chile eller cayennepulver
- 2 msk färsk hackad koriander, till garnering

Vägbeskrivning

a) Värm oljan på medelhög värme i en tjock kastrull.

b) Tillsätt asafetida, spiskummin, gurkmeja, kanel och kassiablad och koka tills fröna fräser, cirka 30 sekunder.

c) Tillsätt löken och stek tills den är lätt brynt, cirka 3 minuter. Rör om ofta så att löken inte fastnar i pannan.

d) Tillsätt ingefära och vitlök. Koka i ytterligare 2 minuter.

e) Tillsätt tomater och grön chili.

f) Sänk värmen till medel-låg och koka i 3 till 5 minuter, tills tomaterna börjar brytas ner.

g) Tillsätt bönorna eller linserna och koka i ytterligare 2 minuter.

h) Tillsätt vatten, salt och chilipulver. Koka upp.

i) När blandningen kokar, minska värmen och låt sjuda i 10 till 15 minuter.

j) Garnera med koriander och servera med brunt eller vitt basmatiris, roti eller naan.

76. Goan-inspirerad curry med kokosmjölk

AVKASTNING: 6 KOPPAR (1,42 L)

Ingredienser

- 1 matsked olja
- ½ stor lök, skalad och tärnad
- 1 bit ingefära, skalad och riven eller hackad
- 4 vitlöksklyftor, rensade och rivna eller hackade
- 1 stor tomat, tärnad (2 koppar)
- 1-3 gröna thai-, serrano- eller cayennepeppar, hackade
- 1 msk mald koriander
- 1 msk mald spiskummin
- 1 tesked gurkmejapulver
- 1 tsk tamarindpasta
- 1 rågad tesked farinsocker eller farinsocker
- 1½ tsk grovt havssalt
- 3 koppar vatten

- 4 koppar hela kokta linser eller bönor (svarta ögonärtor är traditionella)
- 1 dl kokosmjölk, vanlig eller lätt
- Saft av ½ medelstor citron
- 1 msk färsk hackad koriander, till garnering

Vägbeskrivning

a) Värm oljan på medelhög värme i en djup, tung kastrull.

b) Tillsätt löken och koka i 2 minuter, tills den fått lite färg.

c) Tillsätt ingefära och vitlök. Koka i ytterligare en minut.

d) Tillsätt tomat, chili, koriander, spiskummin, gurkmeja, tamarind, jaggery, salt och vatten.

e) Koka upp, minska värmen och låt sjuda utan lock i 15 minuter.

f) Tillsätt linserna eller bönorna och kokosmjölken och värm igenom.

g) Tillsätt citronsaften och garnera med koriander. Servera med brunt eller vitt basmatiris, roti eller naan.

77. Baljväxter Chana Masala

AVKASTNING: 6 KOPPAR (1,42 L)

Ingredienser

- 2 matskedar olja
- 1 rågad tesked spiskummin
- ½ tsk gurkmejapulver
- 2 matskedar Chana Masala
- 1 stor gul eller röd lök, skalad och tärnad
- 1 (2 tum [5 cm]) bit ingefära rot, skalad och riven eller hackad
- 4 vitlöksklyftor, rensade och rivna eller hackade
- 2 medelstora tomater, tärnade
- 1-3 gröna thai-, serrano- eller cayennepeppar, hackade
- 1 tsk röd chile eller cayennepulver
- 1 msk grovt havssalt
- 1 kopp vatten
- 4 koppar hela bönor eller kokta linser

Vägbeskrivning

a) Värm oljan på medelhög värme i en djup, tung stekpanna.

b) Tillsätt spiskummin, gurkmeja och Chana Masala och koka tills fröna fräser, cirka 30 sekunder.

c) Tillsätt löken och koka tills den mjuknat, cirka en minut.

d) Tillsätt ingefära och vitlök. Koka i ytterligare en minut.

e) Tillsätt tomater, grön chili, chilipulver, salt och vatten.

f) Koka upp, minska värmen och låt sjuda blandningen i 10 minuter, tills alla ingredienser är blandade.

g) Tillsätt bönorna eller linserna och koka ihop. Servera över brunt eller vitt basmatiris eller med roti eller naan.

78.Punjabi currybönor

AVKASTNING: 7 KOPPAR (1,66 L)

Ingredienser

- 1 medelstor gul eller röd lök, skalad och grovt hackad
- 1 bit ingefära, skalad och grovt hackad
- 4 vitlöksklyftor, rensade och skär
- 2-4 gröna thai-, serrano- eller cayennepeppar
- 2 matskedar olja
- ½ tesked asafetida (hing)
- 2 tsk spiskummin
- 1 tesked gurkmejapulver
- 1 kanelstång
- 2 hela kryddnejlika
- 1 svart kardemummakapsel
- 2 medelstora tomater, skalade och tärnade (1 kopp)
- 2 matskedar tomatpuré

- 4 koppar hela bönor eller kokta linser
- 2 koppar vatten
- 2 tsk grovt havssalt
- 2 tsk garam masala
- 1 tsk röd chile eller cayennepulver
- 2 råga matskedar färsk hackad koriander

Vägbeskrivning

a) Bearbeta löken, ingefäraroten, vitlöken och chilin i en matberedare till en vattnig pasta.

b) Värm oljan på medelhög värme i en djup, tung stekpanna.

c) Tillsätt asafetida, spiskummin, gurkmeja, kanel, kryddnejlika och kardemumma. Koka tills blandningen fräser, cirka 30 sekunder.

d) Tillsätt lökpastan långsamt. Var försiktig – detta kan stänka när det kommer i kontakt med den heta oljan. Koka tills de fått färg, rör om då och då, cirka 2 minuter.

e) Tillsätt tomater, tomatpuré, linser eller bönor, vatten, salt, garam masala och rött chilepulver.

f) Koka upp blandningen, sänk sedan värmen och låt sjuda i 10 minuter.

g) Ta bort kryddorna hela. Tillsätt koriander och servera över en bädd av brunt eller vitt basmatiris.

79. Långsamma kokta bönor och linser

AVKASTNING: 10 KUPP

Ingredienser

- 2 koppar (454 g) torkade limabönor, plockade och tvättade
- ½ medelgul eller röd lök, skalad och grovt hackad
- 1 medelstor tomat, tärnad
- 1 bit ingefära, skalad och riven eller hackad
- 2 vitlöksklyftor, rensade och rivna eller hackade
- 1-3 gröna thai-, serrano- eller cayennepeppar, hackade
- 3 hela nejlikor
- 1 rågad tesked spiskummin
- 1 tsk röd chile eller cayennepulver
- råga tesked grovt havssalt
- ½ tsk gurkmejapulver
- ½ tsk garam masala
- 7 koppar (1,66 L) vatten

- ¼ kopp (4 g) färsk hackad koriander

Vägbeskrivning

a) Lägg alla ingredienser utom koriander i slowcooker. Koka på hög värme i 7 timmar, tills bönorna bryts ner och blir något krämiga.

b) Ungefär halvvägs genom tillagningsprocessen kommer bönorna att se ut som de är färdiga, men behåll den långsamma kokaren. Curryn kommer fortfarande att vara vattnig och måste fortsätta tillagas.

c) Ta bort kryddnejlika om du hittar dem. Tillsätt färsk koriander och servera över basmatiris eller med roti eller naan.

80. Chana och Split Moong Dal med pepparflingor

AVKASTNING: 8 KOPPER

Ingredienser

- 1 kopp (192 g) delad gram (chana dal), plockad och tvättad

- 1 kopp (192 g) torra delade gröna linser med skal (moong dal), plockade och tvättade

- ½ medelgul eller röd lök, skalad och tärnad

- 1 bit ingefära, skalad och riven eller hackad

- 4 vitlöksklyftor, rensade och rivna eller hackade

- 1 medelstor tomat, skalad och tärnad

- 1-3 gröna thai-, serrano- eller cayennepeppar, hackade

- 1 matsked plus 1 tesked spiskummin, uppdelade

- 1 tesked gurkmejapulver

- 2 tsk grovt havssalt

- 1 tsk röd chile eller cayennepulver

- 6 koppar vatten

- 2 matskedar olja

- 1 tsk röd paprikaflingor

- 2 msk färsk hackad koriander

Vägbeskrivning

a) Placera delade grammet, gröna linser, lök, ingefära, vitlök, tomater, chilipeppar, 1 msk spiskummin, gurkmeja, salt, rött chilipulver och vatten i långsamkokaren. Koka på hög värme i 5 timmar.

b) Nära slutet av tillagningstiden, värm oljan i en liten stekpanna på medelhög värme.

c) Tillsätt resterande 1 tsk spiskummin.

d) När det fräser, tillsätt rödpepparflingorna. Koka i ytterligare högst 30 sekunder. Om du överkokar det blir flingorna för hårda.

e) Tillsätt denna blandning, tillsammans med koriandern, till linserna.

f) Servera den ensam som soppa eller med brunt eller vitt basmatiris, roti eller naan.

81. Kryddad tofu och tomater

AVKASTNING: 4 KOPPER

Ingredienser

- 2 matskedar olja
- 1 hög matsked spiskummin
- 1 tesked gurkmejapulver
- 1 medium röd eller gul lök, rengjord och hackad
- 1 (2 tum [5 cm]) bit ingefära rot, skalad och riven eller hackad
- 6 vitlöksklyftor, rensade och rivna eller hackade
- 2 medelstora tomater, skalade (valfritt) och hackade (3 koppar [480 g])
- 2–4 gröna thai-, serrano- eller cayennepeppar, hackade
- 1 matsked tomatpuré
- 1 msk garam masala
- 1 msk torkade bockhornsklöverblad (kasoori methi), krossade lätt för hand för att frigöra sin smak

- 1 kopp vatten
- 2 tsk grovt havssalt
- 1 tsk röd chile eller cayennepulver
- 2 medelstora gröna paprikor, kärnade och tärnade (2 dl)
- 2 paket ekologisk extra fast tofu, bakad och tärnad

Vägbeskrivning

a) Värm oljan på medelhög värme i en stor, tung stekpanna.

b) Tillsätt spiskummin och gurkmeja. Koka tills fröna krackelerar, cirka 30 sekunder.

c) Tillsätt lök, ingefära och vitlök. Koka i 2-3 minuter, tills de är lätt bruna, rör om då och då.

d) Tillsätt tomater, chili, tomatpuré, garam masala, bockhornsklöver, vatten, salt och chilipulver. Sänk värmen något och låt sjuda i 8 minuter.

e) Tillsätt paprika och koka i ytterligare 2 minuter. Tillsätt tofun och blanda försiktigt. Koka i ytterligare 2 minuter, tills de värms upp. Servera med brunt eller vitt basmatiris, roti eller naan.

82. Potatishash med spiskummin

AVKASTNING: 4 KOPPER

Ingredienser

- 1 matsked olja
- 1 matsked spiskummin
- ½ tesked asafetida (hing)
- ½ tsk gurkmejapulver
- ½ tsk mangopulver (amchur)
- 1 liten gul eller röd lök, rensad och tärnad
- 1 bit ingefära, skalad och riven eller hackad
- 3 stora kokta potatisar (valfri sort), skalade och tärnade (4 koppar [600 g])
- 1 tsk grovt havssalt
- 1-2 gröna thai-, serrano- eller cayennepeppar, stjälkar borttagna, tunt skivade
- ¼ kopp (4 g) färsk hackad koriander, juice av ½ citron

Vägbeskrivning

a) Värm oljan på medelhög värme i en djup, tung stekpanna.

b) Tillsätt spiskummin, asafetida, gurkmeja och mangopulver. Koka tills fröna krackelerar, cirka 30 sekunder.

c) Tillsätt löken och ingefärsroten. Koka i ytterligare en minut, rör om för att förhindra att den fastnar.

d) Tillsätt potatisen och salt. Blanda väl och koka tills potatisen är genomvärmd.

e) Toppa med chili, koriander och citronsaft. Servera som en sida med roti eller naan eller rullad i en besan poora eller dosa. Det här är bra som fyllning för en veggiesmörgås eller till och med serverad i en grönsalladskopp.

83. Potatishash med senapsfrön

AVKASTNING: 4 KOPPER

Ingredienser

- 1 matsked split gram (chana dal)
- 1 matsked olja
- 1 tesked gurkmejapulver
- 1 tsk svarta senapsfrön
- 10 curryblad, grovt hackade
- 1 liten gul eller röd lök, rensad och tärnad
- 3 stora kokta potatisar (alla typer), rengjorda och tärnade
- 1 tsk grovt vitt salt
- 1-2 gröna thai-, serrano- eller cayennepeppar, stjälkar borttagna, tunt skivade

Vägbeskrivning

a) Blötlägg det delade grammet i kokande vatten medan du förbereder resten av ingredienserna.

b) Värm oljan på medelhög värme i en djup, tung stekpanna.

c) Tillsätt gurkmeja, senap, curryblad och avrunna gram. Var försiktig, fröna tenderar att spricka och blötlagda linser kan stänka olja, så du kan behöva ett täcke. Koka i 30 sekunder, rör om för att förhindra att den fastnar.

d) Tillsätt löken. Koka tills de fått lite färg, cirka 2 minuter.

e) Tillsätt potatisen, salt och varm peppar. Koka i ytterligare 2 minuter. Servera som en sida med roti eller naan eller rullad i en besan poora eller dosa. Det här är bra som fyllning för en veggiesmörgås eller till och med serverad i en grönsalladskopp.

84. Punjabi stil kål

AVKASTNING: 7 KOPPER

Ingredienser

- 3 matskedar olja
- 1 matsked spiskummin
- 1 tesked gurkmejapulver
- ½ gul eller röd lök, skalad och tärnad
- 1 bit ingefära, skalad och riven eller hackad
- 6 vitlöksklyftor, rensade och hackade
- 1 medelstor potatis, skalad och tärnad
- 1 vitkål med medelstort huvud, med de yttre bladen borttagna och finhackad (ca 8 koppar [560 g])
- 1 kopp (145 g) ärtor, färska eller frysta
- 1 grön thailändsk, serrano eller cayenne chile, stjälken borttagen, hackad
- 1 tsk mald koriander
- 1 tsk malen spiskummin

- 1 tsk mald svartpeppar

- ½ tsk röd chili eller cayennepulver

- 1½ tsk havssalt

Vägbeskrivning

a) Lägg alla ingredienser i långsamkokaren och blanda försiktigt.

b) Koka på låg värme i 4 timmar. Servera med vitt eller brunt basmatiris, roti eller naan. Detta är en bra fyllning för en pitabröd med en klick sojayoghurt raita.

85. Kål med senapsfrön och kokos

AVKASTNING: 6 KOPPER

Ingredienser

- 2 matskedar hela svarta linser, skalade (sabut urud dal)
- 2 matskedar kokosolja
- ½ tesked asafetida (hing)
- 1 tsk svarta senapsfrön
- 10–12 curryblad, grovt hackade
- 2 matskedar osötad riven kokos
- 1 medelstor vitkål, hackad (8 koppar [560 g])
- 1 tsk grovt havssalt
- 1–2 thai-, serrano- eller cayennepeppar, stjälkarna borttagna, skär på längden

Vägbeskrivning

a) Blötlägg linserna i kokande vatten så att de blir mjuka medan du förbereder resten av ingredienserna.

b) Värm oljan på medelhög värme i en djup, tung stekpanna.

c) Tillsätt asafetida, senap, avrunna linser, curryblad och kokos. Värm tills fröna poppar, cirka 30 sekunder. Var noga med att inte bränna currybladen eller kokosen. Fröna kan komma ut, så ha ett lock till hands.

d) Kål och salt tillsätts. Koka, rör om regelbundet, i 2 minuter tills kålen vissnar.

e) Tillsätt chili. Servera direkt som en varm, kall sallad eller med roti eller naan.

86. Bönor med potatis

AVKASTNING: 5 KOPPER

Ingredienser

- 1 matsked olja
- 1 tsk spiskummin
- ½ tsk gurkmejapulver
- 1 medium röd eller gul lök, skalad och tärnad
- 1 bit ingefära, skalad och riven eller hackad
- 3 vitlöksklyftor, rensade och rivna eller hackade
- 1 medelstor potatis, skalad och tärnad
- ¼ kopp vatten
- 4 koppar hackade bönor
- 1-2 thailändska, serrano- eller cayennepeppar, hackade
- 1 tsk grovt havssalt
- 1 tsk röd chile eller cayennepulver

Vägbeskrivning

a) Värm oljan på medelhög värme i en tung, djup stekpanna.

b) Tillsätt spiskummin och gurkmeja och koka tills fröna fräser, cirka 30 sekunder.

c) Tillsätt lök, ingefära och vitlök. Koka tills de fått lite färg, cirka 2 minuter.

d) Tillsätt potatisen och låt koka i ytterligare 2 minuter under konstant omrörning. Tillsätt vatten för att förhindra att det fastnar.

e) Tillsätt bönorna. Koka i 2 minuter, rör om då och då.

f) Tillsätt paprikan, saltet och chilipulvret.

g) Sänk värmen till medel-låg och täck delvis pannan. Koka i 15 minuter tills bönorna och potatisen är mjuka. Stäng av värmen och låt pannan sitta, täckt, på samma brännare i ytterligare 5 till 10 minuter.

h) Servera med vitt eller brunt basmatiris, roti eller naan.

87. Aubergine med potatis

AVKASTNING: 6 KOPPAR (1,42 L)

Ingredienser

- 2 matskedar olja
- $\frac{1}{2}$ tesked asafetida (hing)
- 1 tsk spiskummin
- $\frac{1}{2}$ tsk gurkmejapulver
- 1 bit (2 tum [5 cm]) ingefära rot, skalad och skuren i $\frac{1}{2}$ tum (13 mm) långa stavar
- 4 vitlöksklyftor, skalade och grovt hackade
- 1 medelstor potatis, skalad och grovt hackad
- 1 stor lök, skalad och grovt hackad
- 1-3 thailändska, serrano- eller cayennepeppar, hackade
- 1 stor tomat, grovt hackad
- 4 medelstora auberginer i skal, grovt hackade, träiga toppar ingår (8 koppar [656 g])
- 2 tsk grovt havssalt

- 1 msk garam masala
- 1 msk mald koriander
- 1 tsk röd chile eller cayennepulver
- 2 msk färsk hackad koriander, till garnering

Vägbeskrivning

a) Värm oljan på medelhög värme i en djup, tung stekpanna.

b) Tillsätt asafetida, spiskummin och gurkmeja. Koka tills fröna krackelerar, cirka 30 sekunder.

c) Tillsätt ingefära och vitlök. Koka under konstant omrörning i 1 minut.

d) Tillsätt potatisen. Koka i 2 minuter.

e) Tillsätt löken och chilin och koka i ytterligare 2 minuter, tills de fått lite färg.

f) Tillsätt tomaten och koka i 2 minuter. Vid det här laget har du skapat en bas för din maträtt.

g) Tillsätt auberginen. (Det är viktigt att behålla de träiga ändarna så att du och dina gäster kan tugga på det läckra, köttiga mitten senare.)

h) Tillsätt salt, garam masala, koriander och rött chilipulver. Koka i 2 minuter.

i) Sänk värmen till låg, täck delvis över pannan och koka i ytterligare 10 minuter.

j) Stäng av värmen, täck pannan helt och låt stå i 5 minuter så att alla smaker får en chans att riktigt blandas. Garnera med koriander och servera med roti eller naan.

88. Brysselkål Masala

AVKASTNING: 4 KOPPER

Ingredienser

- 1 matsked olja
- 1 tsk spiskummin
- 2 koppar Gila Masala
- 1 kopp vatten
- 4 skedar cashewgrädde
- 4 dl brysselkål, putsad och halverad
- 1-3 thailändska, serrano- eller cayennepeppar, hackade
- 2 tsk grovt havssalt
- 1 tsk garam masala
- 1 tsk mald koriander
- 1 tsk röd chile eller cayennepulver
- 2 msk färsk hackad koriander, till garnering

Vägbeskrivning

a) Värm oljan på medelhög värme i en djup, tung stekpanna.

b) Tillsätt spiskummin och koka tills fröna fräser, cirka 30 sekunder.

c) Tillsätt tomatsoppa, vatten, cashewgrädde, brysselkål, paprika, salt, garam masala, koriander och pepparpulver.

d) Koka upp. Sänk värmen och låt puttra utan lock i 10 till 12 minuter tills brysselkålen är mjuk.

e) Garnera med koriander och servera över brunt eller vitt basmatiris eller med roti eller naan.

89. Auberginepaj fylld med cashewnötter

AVKASTNING: 20 AUGBLANTAPUMPAR

Ingredienser

- ½ kopp (69 g) råa cashewnötter ☐☐20 babyauberginer
- 2 msk olja, delad
- 1 tsk spiskummin
- 1 tsk korianderfrön
- 1 matsked sesamfrön
- ½ tsk svarta senapsfrön
- ½ tesked fänkålsfrön
- ¼ tesked bockhornsklöver frön
- 1 stor gul eller röd lök, skalad och tärnad
- 1 bit ingefära, skalad och riven eller hackad
- 4 vitlöksklyftor, skalade och grovt hackade
- 1-3 thailändska, serrano- eller cayennepeppar, hackade
- 1 tesked gurkmejapulver
- 1 tsk riven jaggery

- 2 tsk garam masala

- 1 msk grovt havssalt

- 1 tsk röd chile eller cayennepulver

- 1 dl vatten, delat

- 2 msk färsk hackad koriander, till garnering

Vägbeskrivning

a) Blötlägg cashewnötterna i vatten medan du förbereder resten av ingredienserna.

b) Skär 2 vinkelräta skåror i varje bottenaubergine, gå mot stjälken och stoppa innan du skär auberginen. De bör förbli intakta. När du är klar har du fyra sektioner som hålls samman av den gröna, träiga stammen. Lägg dem i en skål med vatten medan du förbereder resten av ingredienserna. Detta hjälper dig att öppna auberginema något så att du kan stoppa dem bättre senare.

c) I en tjock stekpanna, värm 1 matsked olja över medelhög värme.

d) Tillsätt spiskummin, koriander, sesam, senap, fänkål och bockhornsklöverfrön. Koka tills fröna poppar lätt, cirka 30 sekunder. Överkok inte - bockhornsklövern kan bli bitter.

e) Tillsätt lök, ingefära, vitlök och peppar. Koka tills löken fått färg, ca 2 minuter.

f) Tillsätt gurkmeja, jaggery, garam masala, salt, chilipulver och avrunna cashewnötter. Koka i ytterligare 2 minuter tills det är väl homogeniserat.

g) Överför denna blandning till en matberedare. Tillsätt $\frac{1}{2}$ dl vatten och bearbeta tills det är slätt. Ta din tid; du kan behöva stanna och skrapa sidorna.

h) Auberginerna är nu redo att fyllas! Håll en aubergine i ena handen och häll cirka 1 matsked av blandningen i mitten av auberginen och täck alla sidor.

i) Stäng försiktigt tillbaka auberginen och lägg den i en stor skål tills du har stoppat klart alla auberginema.

j) Värm den återstående 1 matsked oljan på medelhög värme i en stor, djup stekpanna. Tillsätt försiktigt auberginema, en i taget. Tillsätt återstående masala och återstående $\frac{1}{2}$ kopp vatten och sänk värmen till medel-låg. Täck pannan och låt koka i 20 minuter, rör om då och då, se till att auberginerna bevaras intakta.

k) Stäng av värmen och låt auberginen stå i 5 minuter för att verkligen koka och absorbera alla smaker. Garnera med koriander och servera över ris eller med roti eller naan.

90. Kryddad spenat med "Paneer"

AVKASTNING: 10 KUPP (2,37 L)

Ingredienser

- 2 matskedar olja
- 1 matsked spiskummin
- 1 tesked gurkmejapulver
- 1 stor gul eller röd lök, skalad och tärnad
- 1 (2 tum [5 cm]) bit ingefära rot, skalad och riven eller hackad
- 6 vitlöksklyftor, rensade och rivna eller hackade
- 2 stora tomater, hackade
- 1–2 thailändska, serrano- eller cayennepeppar, hackade
- 2 matskedar tomatpuré
- 1 kopp vatten
- 1 msk mald koriander
- 1 msk garam masala
- 2 tsk grovt havssalt

- 12 koppar (360 g) färsk hackad spenat, tätt packad
- 1 paket (14 ounces [397 g]) ekologisk extra fast tofu, bakad och tärnad

Vägbeskrivning

a) Värm oljan på medelhög värme i en stor, tung stekpanna.

b) Tillsätt spiskummin och gurkmeja och koka tills fröna fräser, cirka 30 sekunder.

c) Tillsätt löken och stek tills den fått färg, cirka 3 minuter, rör försiktigt för att förhindra att den fastnar.

d) Tillsätt ingefära och vitlök. Koka i 2 minuter.

e) Tillsätt tomater, chili, tomatpuré, vatten, koriander, garam masala och salt. Sänk värmen och låt sjuda i 5 minuter.

f) Tillsätt spenaten. Du kan behöva göra detta i omgångar, lägga till mer när det vissnar. Det kommer att se ut som om du har alldeles för mycket spenat, men oroa dig inte. Allt kommer att lagas. Lita på mig!

g) Koka i 7 minuter, tills spenaten vissnat och kokat. Mixa med en stavmixer eller i en traditionell mixer.

h) Tillsätt tofun och koka i ytterligare 2 till 3 minuter. Servera med roti eller naan.

91. Sprakande okra

AVKASTNING: 4 KOPPER

Ingredienser

- 2 matskedar olja
- 1 tsk spiskummin
- 1 tesked gurkmejapulver
- 1 stor gul eller röd lök, skalad och mycket grovt hackad
- 1 bit ingefära, skalad och riven eller hackad
- 3 vitlöksklyftor, rengjorda och hackade, hackade eller rivna
- 2 kilo okra, tvättad, torkad, putsad och hackad
- 1-2 thailändska, serrano- eller cayennepeppar, hackade
- ½ tsk mangopulver
- 1 tsk röd chile eller cayennepulver
- 1 tsk garam masala
- 2 tsk grovt havssalt

Vägbeskrivning

a) Värm oljan på medelhög värme i en djup, tung stekpanna. Tillsätt spiskummin och gurkmeja. Koka tills fröna börjar fräsa, cirka 30 sekunder.

b) Tillsätt löken och stek tills den fått färg, 2 till 3 minuter. Detta är ett nyckelsteg för min okra. De stora, tjocka bitarna av lök ska brynas överallt och karamelliseras något. Detta blir en läcker bas för den sista rätten.

c) Tillsätt ingefära och vitlök. Koka i 1 minut, rör om då och då.

d) Tillsätt okra och koka i 2 minuter, bara tills okra blir ljust grönt.

e) Tillsätt chili, mangopulver, chilipulver, garam masala och salt. Koka i 2 minuter, rör om då och då.

f) Sänk värmen till låg och täck pannan delvis. Koka i 7 minuter, rör om då och då.

g) Stäng av värmen och justera locket så att det täcker grytan helt. Låt det sitta i 3 till 5 minuter för att låta alla smaker absorberas.

h) Garnera med koriander och servera med brunt eller vitt basmatiris, roti eller naan.

92. Varm och kryddig kinesisk kyckling

Utbyte: 4 portioner

Ingrediens

1 Lök

2 Chilipeppar - eller mer

4 TB olja

1 TB finhackad ingefära

1 TB Sherry

2 TB Lätt sojasås

Fritös 2 lb

½ c kycklingsoppa

1 TB Lätt sojasås

2 TB Vinvinäger

1 TB socker

½ tsk salt

1 tsk anispeppar - eller 2

1 TB majsstärkelse

a) Skär kycklingen i små bitar, marinera i 15-20 minuter i ingefära, sherry, sojasåsblandning. Skär lök och chilipeppar diagonalt i 1-tums bitar.

b) Mal anispepparn till ett pulver. Blanda kycklingbuljong, soja, vinäger, socker, salt och peppar. Värm oljan. Tillsätt löken och fräs några gånger.

c) Tillsätt ingefära, sherry, sojamix och kyckling till teet och chilin och stek i ytterligare 1-2 minuter. Tillsätt kycklingsoppsblandningen, blanda väl.

d) Koka på låg värme tills kycklingbitarna är mjuka. Tillsätt majsstärkelse för att tjockna. Tjäna.

93. Kryddiga bönor

AVKASTNING: 5 KOPPAR (1,19 L)

Ingredienser

- 4 koppar kokta bönor
- 1 medelstor potatis, kokt och tärnad
- ½ medelstor rödlök, skalad och tärnad
- 1 medelstor tomat, tärnad
- 1 bit ingefära, skalad och riven eller hackad
- 2–3 gröna thai-, serrano- eller cayennepeppar, hackade
- Saften av 1 citron
- 1 tsk Chaat Masala
- ½ tsk grovt havssalt
- ½–1 tsk röd chili eller cayennepulver

Vägbeskrivning

c) Blanda alla ingredienser i en stor skål.

Het krydda

94. Poppers med kikärter

AVKASTNING: 4 KOPPER

Ingredienser

- 4 koppar kokta kikärter eller 2 12-ounce burkar kikärter
- 1 msk garam masala, Chaat Masala eller Sambhar Masala
- 2 tsk grovt havssalt 2 msk olja
- 1 tsk röd chili, cayenne eller paprikapulver, plus mer att strö över

Vägbeskrivning

a) Ställ in ett ugnsgaller i det högsta läget och förvärm ugnen till 425°F (220°C). Klä en bakplåt med aluminiumfolie för enkel rengöring.

b) Låt kikärtorna rinna av i ett stort durkslag i cirka 15 minuter för att få bort så mycket fukt som möjligt. Om du använder konserver, skölj först.

c) Blanda försiktigt alla ingredienserna i en stor skål.

d) Ordna de kryddade kikärtorna i ett enda lager på bakplåten.

e) Koka i 15 minuter. Ta försiktigt ut pannan från ugnen, rör om försiktigt så att kikärtorna kokar jämnt och koka i ytterligare 10 minuter.

f) Låt svalna i 15 minuter. Strö över rött chilepulver, cayennepeppar eller paprika.

95. Street majs sallad

AVKASTNING: 4 KOPPER

Ingredienser

- 4 ax, skalade och rengjorda
- Saften av 1 medelstor citron
- 1 tsk grovt havssalt
- 1 tsk svart salt (kala namak)
- 1 tsk Chaat Masala
- 1 tsk röd chile eller cayennepulver

Vägbeskrivning

a) Rosta majsen tills den är lätt förkolnad.

b) Ta bort kärnorna från majsen.

c) Lägg majskärnorna i en skål och blanda alla övriga ingredienser. Servera omedelbart.

96. Masala fruktsallad

AVKASTNING: 9-10 KUPPER

Ingredienser

- 1 medelmogen cantaloupe, skalad och tärnad (7 koppar [1,09 kg])
- 3 medelstora bananer, skalade och skivade
- 1 kopp (100 g) kärnfria druvor
- 2 medelstora päron, urkärnade och tärnade
- 2 små äpplen, kärnade ur och tärnade (1 kopp [300 g])
- Saft av 1 citron eller lime
- ½ tsk grovt havssalt
- ½ tsk Chaat Masala
- ½ tsk svart salt (kala namak)
- ½ tsk röd chili eller cayennepulver

Vägbeskrivning

a) Blanda försiktigt alla ingredienserna i en stor skål.

b) Servera omedelbart på traditionellt street food-sätt, i små skålar med tandpetare.

97. Bockhornsklöver-spenatpotatis

AVKASTNING: 3 KOPPER

Ingredienser

- 2 matskedar olja
- 1 tsk spiskummin
- 1 12-ounce paket fryst spenat
- $1\frac{1}{2}$ koppar torkade bockhornsklöverblad
- 1 stor potatis, skalad och tärnad
- 1 tsk grovt havssalt
- $\frac{1}{2}$ tsk gurkmejapulver
- $\frac{1}{4}$ tesked röd chili eller cayennepulver
- $\frac{1}{4}$ kopp vatten

Vägbeskrivning

a) Värm oljan på medelhög värme i en tjock stekpanna.

b) Tillsätt spiskummin och koka tills fröna fräser, cirka 30 sekunder.

c) Tillsätt spenaten och sänk värmen till medel-låg. Täck pannan och koka i 5 minuter.

d) Tillsätt bockhornsklöverbladen, rör om försiktigt, täck över och koka i ytterligare 5 minuter.

e) Tillsätt potatis, salt, gurkmeja, chilipulver och vatten. Blanda försiktigt.

f) Lägg på locket och koka i 10 minuter.

g) Ta kastrullen från värmen och låt stå med lock på i ytterligare 5 minuter. Servera med roti eller naan.

98. Rostade Masalabönor eller linser

AVKASTNING: 4 KOPPER

Ingredienser

- 4 koppar hela bönor eller kokta linser
- 1 msk garam masala, Chaat Masala eller Sambhar Masala
- 2 tsk grovt havssalt
- 2 matskedar olja
- 1 tsk röd chile, cayenne eller paprikapulver

Vägbeskrivning

a) Värm ugnen till 425°F (220°C). Klä en bakplåt med aluminiumfolie för enkel rengöring.

b) I en stor skål, släng försiktigt bönorna eller linserna, masala, salt och olja.

c) Ordna kryddade bönor eller linser i ett enda lager på förberedd bakplåt.

d) Grädda i 25 minuter.

e) Strö över röd chili, cayenne eller paprika.

99. Bönor med curryblad

AVKASTNING: 6 KOPPAR (1,42 L)

Ingredienser

- 2 matskedar kokosolja
- ½ tsk asafetida (hing) pulver
- ½ tsk gurkmejapulver
- 1 tsk spiskummin
- 1 tsk svarta senapsfrön
- 15-20 färska curryblad, grovt hackade
- 6 hela torkade röda chili, grovt hackad
- ½ medelgul eller röd lök, skalad och tärnad
- 14 uns kokosmjölk
- 1 kopp vatten
- 1 tsk Rasampulver eller Sambhar Masala
- 1½ tsk grovt havssalt
- 1 tsk röd chile eller cayennepulver
- 3 koppar (576 g) kokta hela bönor eller linser

- 1 matsked nyhackad koriander, för garnering Indikationer

a) Värm oljan på medelhög värme i en djup, tung kastrull.

b) Tillsätt asafetida, gurkmeja, spiskummin, senap, curryblad och röd chili. Koka tills fröna krackelerar, cirka 30 sekunder. Senapsfrön kan poppa, så ha ett lock till hands.

c) Tillsätt löken. Koka tills de fått färg, cirka 2 minuter, rör om ofta för att förhindra att den fastnar.

d) Tillsätt kokosmjölken, vattnet, Rasam- eller Sambhar Masala-pulver, salt och chilipulver. Koka upp, sänk sedan värmen och låt sjuda i 1 till 2 minuter tills smakerna ingjuter mjölken.

e) Tillsätt bönorna eller linserna. Värm och koka i 2 till 4 minuter, tills grönsakerna är genomsyrade av smak. Tillsätt ytterligare en kopp vatten om du vill ha en soppigare konsistens. Servera omedelbart, garnerad med koriander, i djupa skålar med brunt eller vitt basmatiris.

100. Sambhar inspirerad curry på spisen

AVKASTNING: 9 KOPPER

Ingredienser

- 2 koppar (396 g) kokta hela bönor eller linser
- 9 koppar (2,13 L) vatten
- 1 medelstor potatis, skalad och tärnad
- 1 tsk tamarindpasta
- 5 koppar (750 g) grönsaker (använd en sort), tärnade och skurna
- 2 matskedar Sambhar Masala
- 1 matsked olja
- 1 tesked asafetida (hing) pulver (valfritt)
- 1 matsked svarta senapsfrön
- 5-8 hela torkade röda chili, grovt hackade
- 8-10 färska curryblad, grovt hackade
- 1 tsk röd chile eller cayennepulver
- 1 msk grovt havssalt

Vägbeskrivning

a) Kombinera bönor eller linser, vatten, potatis, tamarind, grönsaker och Sambhar Masala i en djup soppgryta på medelhög värme. Koka upp.

b) Sänk värmen och låt sjuda i 15 minuter tills grönsakerna är vissna och mjuka.

c) Förbered tempereringen (tarka). Värm oljan på medelhög värme i en liten stekpanna. Tillsätt asafetida (om du använder) och senapsfröna. Senap har en tendens att gå sönder, så ha ett lock till hands.

d) När fröna börjar poppa, tillsätt snabbt chili och curryblad. Koka i ytterligare 2 minuter, rör om ofta.

e) När currybladen börjar bli bruna och fräsa, tillsätt denna blandning till linserna. Koka i ytterligare 5 minuter.

f) Tillsätt chilipulver och salt. Servera som en rejäl soppa, som en traditionell sida till dosa eller med brunt eller vitt basmatiris.

www.ingramcontent.com/pod-product-compliance
Lightning Source LLC
Chambersburg PA
CBHW071429130526
44590CB00064B/787